减负不减分

青少年高效学习指南

快马 ◎ 著

专心听课篇

北京出版集团
北京出版社

图书在版编目（CIP）数据

减负不减分：青少年高效学习指南. 专心听课篇 / 快马著. — 北京：北京出版社，2022.2
ISBN 978-7-200-16364-3

Ⅰ. ①减… Ⅱ. ①快… Ⅲ. ①学习方法—青少年读物 Ⅳ. ① G791-49

中国版本图书馆 CIP 数据核字（2022）第 012566 号

减负不减分
青少年高效学习指南·专心听课篇
JIANFU BU JIANFEN

快马 著

出　　版	北京出版集团	
	北京出版社	
地　　址	北京北三环中路 6 号	
邮　　编	100120	
网　　址	www.bph.com.cn	
总 发 行	北京出版集团	
经　　销	新华书店	
印　　刷	三河市嘉科万达彩色印刷有限公司	
开　　本	880 毫米 ×1230 毫米　　32 开本	
印　　张	4.75	
字　　数	90 千字	
版 印 次	2022 年 2 月第 1 版　　2022 年 2 月第 1 次印刷	
书　　号	ISBN 978-7-200-16364-3	
定　　价	99.80 元（全 3 册）	

质量监督电话 010-58572697　58572393
如有印装质量问题，由本社负责调换

前 言

1个月成绩暴涨80分,意料之外,情理之中

晚上7时许,我正坐在电脑前准备暑期新班的开课资料,电脑屏幕右下角的微信图标突然闪动起来,我点开一看,是一位学员的妈妈给我发来了信息(如图0-1所示):

图0-1 家长留言报喜

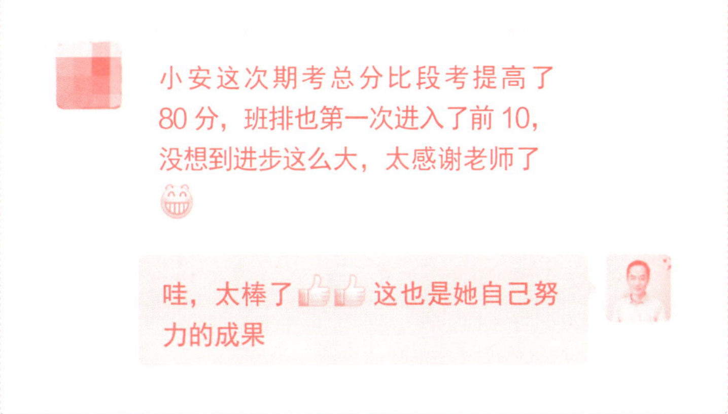

小安这次期考总分比段考提高了80分,班排也第一次进入了前10,没想到进步这么大,太感谢老师了😁

哇,太棒了👍👍 这也是她自己努力的成果

小安当时正上初一,她妈妈是通过朋友的介绍找到我的。

小安在整个小学期间,成绩都很不错,大大小小的考试测验中,语文、数学、英语这3门主要科目的成绩,很少有低于95分的,而且差不多有一半的考试能拿到99分或100分(每科的满分为100分)。哪怕偶尔状态不佳,发挥失常,考了80多分,但下次调整好状态,很快又能重回95分以上。

但自从小学毕业升上初中以后,情况发生了变化。无论是月考,还是期中考、期末考,小安的成绩在此期间一路下滑,语数英3门科目都掉到了90分以下(初中每科的满分为120分)。道德与法治、历史、地理、生物等其他科目(每科的满分不一,居于60~100分之间),也都只能拿到70%左右的分数,有时甚至只能拿到60%左右的分数。

看到这样的状况,小安妈妈自然十分着急,赶忙给孩子报了语数英的补习班,不辞辛苦地接送孩子上下课。补了一个多学期,小安的成绩还是没有什么变化。小学时曾经那么优秀,初中加倍努力之后,成绩却得不到改善,小安开始怀疑自己的能力,并出现了厌学情绪。

有时小安妈妈推开小安的房门,看到孩子没在做作业,而是在看漫画书或玩别的东西,就会提高音量催促几句:"你得赶紧做作业,不然你的成绩怎么上得去呀?"催促多了之后,小安也开始变得不耐烦,不时会把妈妈的话顶回去:"好了好了，我知道了，你不用管我，我自己会安排的。"

小安妈妈也看过一些关于家庭教育的书籍，因此判断小安进入了"叛逆期"，于是变得小心翼翼，生怕一下子把孩子逼急了，小安做出什么极端的行为。毕竟，新闻上那些孩子因为学习压力大而自残的报道，并不少见。

但无奈孩子的成绩老是上不去，小安妈妈也是倍感焦虑。我们在见面之前，先在微信上做了沟通，小安妈妈就曾表示她因为孩子的学习问题，身体也变差了，最近不得不去看中医调理身体。

我特别理解小安妈妈当时的感受。天下父母，很少有不为孩子的学习而操碎了心的，尤其是看到孩子成绩不理想，却不知道该如何有效解决时，这种感觉就像是你后背刚被蚊子叮咬完，但臂膀昨天刚不小心扭伤，此时你很想把手弯到后背抓抓痒，但臂膀却痛得厉害。这种要么痒要么痛的状况，着实令人难受。

小安妈妈当时就处于这样的两难状况：不催促的话，孩子的成绩还要往下滑；催促多了，又怕破坏亲子关系，让孩子更厌学。在沟通的过程中，小安妈妈就表示："不提学习的时候，我和小安像朋友一样，无话不说；一谈起学习，她就炸了，巴不得让我赶快走开。"

小安的这种情况，并不是个例。在我辅导过的学生当中，小升初或初升高之后，成绩突然大幅度下滑的，占到了40%左右。这其中有客观原因，也有主观原因。

客观原因很简单：学习变难了。

据统计，上大学之前，在整个基础教育阶段，知识量的分布是不均匀的。小学的知识量占比比较小，初中的知识量则是小学的 3 倍，高中又是初中的 3 倍。如图 0-2 所示：

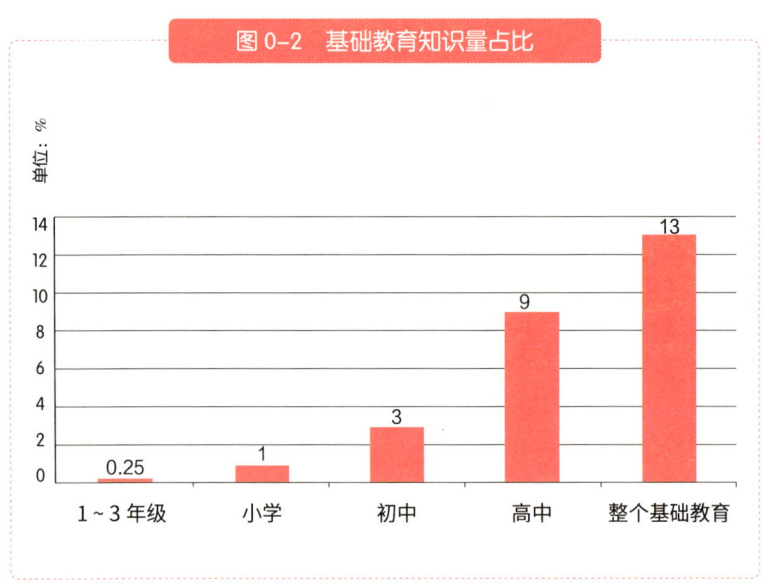

所以，当小安升上初中之后，第一年的知识量，就差不多相当于整个小学 6 年的知识量。如此巨大的增幅，难怪不适应。

那主观原因是什么呢?

就是因为学习策略和学习方法没有同步进行升级。

知识量及学习难度的增长,是学生无法改变的。学生唯一能改变的,是升级自己的学习策略和学习方法,提高学习效率,花同样的时间,甚至是花更少的时间,来拿到更好的成绩。

在第一次见面做咨询的时候,我问过小安,上初中之后,每天做功课要做到晚上几点。小安的答复是:11点左右,有时甚至到12点以后,而小学期间通常在9点前就完成功课了。如果初一的功课就要做到晚上11点,那到了初二、初三,功课肯定会变得更难,还能再熬到几点呢?

有一段顺口溜是这么形容小升初后的孩子的:

初一相差不大,

初二两极分化,

初三天上地下!

这也是小安妈妈给孩子报了补习班但效果也不好的原因之一。因为效率没有改变,仅仅靠延长学习时间,并不能有效解决"知识量增长"与"学习效率低"之间的矛盾。

有些学生通过补课,确实也提高了一些成绩,但一停止补课,成绩马上又下滑了。这就说明,某些补习班的作用，只是延长了学习时间，并没有从根本上解决学习效率的问题。

所以，对于小安妈妈来说，从开始找我做辅导，到孩子的期末成绩出来，也不过短短1个月时间，总成绩就提高了80分，有了大幅度提升，确实是意料之外。因为之前报过各科的补习班，都没有这样的效果。

但对于我来说，这样的结果，也是情理之中。因为我所做的，并不是将课本知识填鸭式地一股脑儿塞给小安，或是让她盲目地大量刷题，而是先教给她各类有助于提高学习效率的策略和方法。

在我的人生哲学中，我并不赞同"学海无涯苦作舟"式的努力。因为对于大部分学生来说，"苦学"并不是一个最优的选择。毕竟，"吃苦"是不符合人性的一件事。我更提倡"学海有涯乐作舟"，要通过提高学习效率来拿成绩，而不是单纯地通过延长学习时间来拿成绩。

事实上，通过我的优化，小安每天做功课的时间逐渐缩短，晚上10点前就能完成，这也为她提前上床睡觉提供了可能。由于确保了第二天有足够精神听好课，小安做作业的效率又进一步得到提升，从而进入了一种良性循环的学习状态。

在本系列丛书中，我将从以下三大板块，向大家阐释一些可以帮助学生提高学习效率的秘诀：

1. 专心听课篇
2. 轻松作业篇
3. 减压应试篇

在我 20 年的教学生涯中,陪伴孩子来做辅导的家长有 90% 都是妈妈。可以这么说,孩子成绩好,妈妈不焦虑。培养一个爱学习、会学习的孩子,也是在为创建一个和谐幸福的家庭做贡献。

目 录

第一章　落后不可耻，可怕的是放弃 / 3

1.1　成绩垫底，还有多大机会赶上来 / 6

1.2　比第一名更有前途的第十名 / 12

1.3　成绩变好之前，如何建立自信 / 16

第二章　防开小差的秘诀，出手必见效 / 21

2.1　成绩第一的学霸为什么也会"上课走神儿" / 25

2.2　管理好这三大影响课堂专注力的"捣蛋鬼" / 28

2.3　课间 3 分钟醒脑操，让下节课仍精神抖擞 / 35

2.4　上课听不进，1 分钟搞定 / 39

第三章　旺盛学习精力的三大来源 / 41

  3.1　科学饮食为提分供能 / 44

  3.2　定期运动为提分输能 / 46

  3.3　优质睡眠为提分补能 / 49

第四章　白丢 30 分的听课误区 / 51

  4.1　这节课太简单，干脆做其他科目作业 / 54

  4.2　学校课堂随便听听，反正报了校外辅导班 / 57

  4.3　不喜欢这位老师，所以就学不好这门科目 / 58

第五章　3 个妙招记住 90% 的课堂内容 / 63

  5.1　知识地图：10 分钟抓住课本核心框架 / 66

  5.2　图形笔记：老师的板书重点一网打尽 / 75

  5.3　模拟说课：家庭作业一看就会的秘诀 / 82

第六章　用"多感官输入法"让学习效率倍增 / 85

6.1　什么形式的知识更容易入脑 / 90

6.2　如何将课本知识转成大脑喜欢的东西 / 93

6.3　如何高效记住语文诗词 / 96

6.4　如何高效记住数学公式或定理 / 100

6.5　如何高效记住英语单词 / 103

第七章　重复，是解决遗忘的最重要环节 / 107

7.1　真相：记忆大师跟普通人一样会忘得快 / 110

7.2　传统集中式复习的优点和缺点 / 112

7.3　间隔式复习与集中式复习的效率对比 / 115

7.4　如何用间隔式复习记住大量知识点 / 117

第八章　养成习惯是孩子主动学习的稳定器 / 123

8.1　短期提分靠兴趣，长期提分靠习惯 / 126

8.2　孩子会对游戏上瘾，学习也可以 / 129

8.3　朋友圈打卡 21 天，孩子学习为何还是拖拉 / 133

专心听课

高效提分的主心骨

在学生的各项学习活动中，听课是占据时间最长的。听课质量的好坏，直接关系到能否提分。要想持续获得稳定提分的效果，就必须着重解决听课的三大关键问题：听不听得进、记不记得住、用不用得出。

第一章

落后不可耻,可怕的是放弃

对世界历史熟悉的人,估计都听过"落后就要挨打"这句话。这是 20 世纪 30 年代苏联领导人斯大林说的。苏联当时正面临四面楚歌的境况,众多资产阶级敌人随时都想将新生的苏维埃政权消灭。

正是在这样的历史环境下,斯大林说了这句话,目的是鼓舞大家加快发展农业、工业和军工产业,尽快提高苏联的综合国力。

如今,有些父母将"落后就要挨打"这句话,也用在了对待孩子的学习成绩上。有些孩子拿到考试成绩报告,一想到回家可能就要面对"皮肉之苦",都会瑟瑟发抖……

那么,对于成绩已经很差的学生而言,要想翻身逆袭,是不是可能性不大了?

1.1 成绩垫底,还有多大机会赶上来

只要有竞争,落后就永远都存在。世上没有永远的冠军,重点在于,你是否享受在竞争中取得的进步。

曾有人做过这样的实验:让一位奥运百米跑选手先自己一个人跑,然后再让他跟其他运动员一起比赛。结果显示,选手跟别人比赛时跑的速度,要胜过一个人自己跑的速度。这个实验表明,人在竞争的环境中,能激发出更大的潜能。

学习中也是如此,如果学生自己一个人学,学得怎么样没有对比,那他可能很快就会失去动力。

这里说的对比,是指跟与自己成绩相当的人对比。如果一位学生平时考80分,让他去跟很轻松就能考98分的同学对比,只会越比越难受。另一方面,如果常常跟挣扎在60分及格线的同学对比,因为不在同一竞争线上,也会越比越无趣。

所以,跟比自己实力强太多的人比,会有"高攀不起"的感觉。跟比自己弱太多的人比,又会有"比得没劲"的感觉。只有跟与自己实力相当,或者实力略高于自己的一些人相比,才会越比越有动力。(如图1–1所示)

当然,我们所说的对比,并不是单纯为了赢过对方,而是通过互相对比和学习,取众家之所长,实现共同进步。

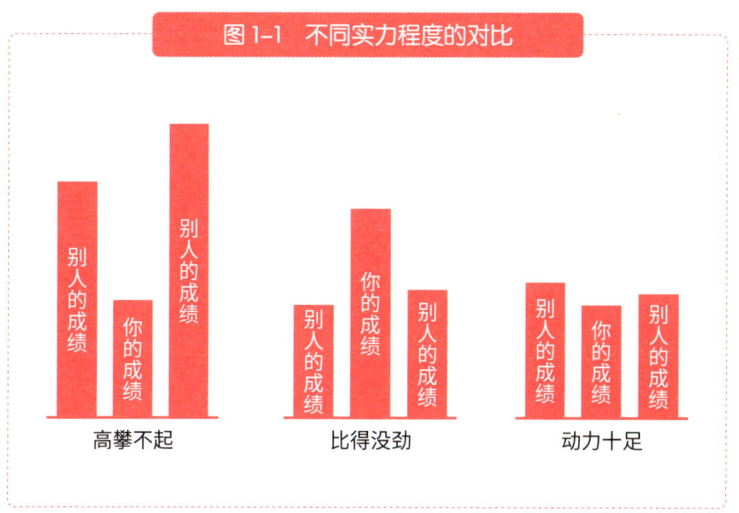

图1-1 不同实力程度的对比

那么,如果一位学生的成绩已经在班里垫底,比上不足,比下没人时,又该怎么办才好呢?

小明当年来报我的辅导班时,他妈妈介绍说:"小明的英语成绩很差,在班里是垫底的,所以越学越没自信。"我鼓励孩子说:"没关系,只要肯学,任何人都有赶上来的机会。"

1个月的特训后,正好赶上了学校的期末考试。待成绩出来后,小明妈妈在一次课后接孩子时跟我说,这回小明的英语考了67分。小明妈妈在给我报成绩时,双眉紧锁,我看到她这副表情,心里不由得一紧:"啊?是不是我教的方法对小明不管用呀?"

于是我问小明妈妈:"之前小明一般考多少分?"小明妈妈说:"平时一般考 30 多分,没想到这回涨了那么多。"我听后松了一口气,原来这回已经比之前涨了至少 30 分。小明妈妈的表情,让我差点误以为小明此次考得更差。

事实上,成绩越差,上升的空间也越大。只要方法得当,学生成绩提升的速度也是很快的。但并非每位成绩垫底的学生,都可以提升得如此快速。

要想快速提升成绩,具体的学习方法是一方面,更关键的是一个人的信念,就是学生相不相信自己有这个能力可以提上来(家长的正面鼓励支持也很重要)。

如果学生觉得成绩落后是一件可耻的事情,很可能就会放弃努力,因为大脑会启动自我保护机制,尽量避开去做一件很困难的事情。

这就好比你很喜欢打篮球,在小区的球场上,遇到一位曾经是省篮球队退役的专业运动员,你天天都被"虐"得怀疑人生,你又能维持几天的热情呢?

那么,小明是怎么做到在短短 1 个月内,就获得了英语单科成绩暴涨 30 分的巨大进步呢?

秘诀就是:冥想成功。

之前由于成绩很差,小明每次在学习的时候,脑海里总是忍不住浮现出被老师说教、被同学嘲笑的画面。这些负面的想法不断地消耗他的心智能量,导致他怎么背单词也记不住。有时他逼迫自己坚持下去,但越着急,脑袋就越晕越涨,通常不到 5 分钟,就会冒出想放弃的念头。

我告诉小明,这是大脑在保护你。当人在过于着急紧张的时候,头部血液流速会加剧,血管膨胀,如果不加以控制,可能会在某一瞬间超过血管的承受极限,导致血管爆裂。所以,为了保护你,大脑赶紧发出了让你放弃的念头,目的就是让你平静下来,降低血管的压力。

这就好比汽车的发动机,开车的过程中一直高速地运转,并产生热量,需要不断地用水冷系统给它降温。如果水箱里的水降到了警戒线以下,汽车系统就会发出警报,提醒司机停车加水。

小明过去也曾试过要忘掉那些负面的画面,但怎么也办不到。哪怕暂时忘掉了,过不了 1 分钟,那些想法又会冒出来。

旧的不去,新的也可以来。如果旧画面无法忘掉,可以直接引入新画面来代替它。有些画家对某幅画不满意时,并没有把旧画直接扔掉,而是用另一块布盖住旧画作,然后在新画布上创作新的内容,结果还成了传世珍宝。比如,抽象派大师毕加索的画作《蓝色房间》下面,就隐藏了一幅旧画。

于是,在指导小明时,我请他每次在背单词之前,都先花上 2 分钟,调节好呼吸,然后闭上眼睛想象这样一个新画面：自己正拿着成绩单，看着上面的理想分数，脸上绽放出灿烂的笑容。这个练习就叫作"冥想成功"。如图1-2所示：

图1-2 冥想成功

小明表示，每次做完这个"冥想成功"练习后，一睁开眼睛，就有眼前一亮的感觉，心情会平静下来，学习的精神状态也会好转许多。此时再正式开始背单词，记忆效果也能得到有效提升。

1个月后，结果正如前面所述，小明的英语成绩涨了30分。

当今社会对于成绩优异的学生，给予了极大的关注，对于成绩落后的学生,则关爱不足。甚至有些地方还提出了"要做就做第一名"的口号。这样的理念本身并没有错,但对于成绩暂时落后的学生来说,这样的要求与自己能力相差甚远,要想达成,恐怕相当困难。

事实上,有时候"第一名"也并非是最有意义的追求。

1.2 比第一名更有前途的第十名

1989年,杭州市天长小学老师周武接受邀请,参加了一场毕业学生的聚会。

在聚会的交流中,有一个现象让周武有些吃惊:那些已经担任副教授、经理的学生,在上学时的成绩并不是很突出;而当年那些成绩突出的学生,现在的成就却一般。

于是,好奇心让他开始追踪这些毕业班的学生。历经10年,在对151位学生的追踪调查后,周武发现,学生的成长是一个动态的过程,小学时的好学生,随着年级的升高,成绩名次出现了后移的现象。

小学时主科成绩排班级前5名的,升入中学后,名次后移的,占43%;相反地,小学时排在7~15名的学生,在升入中学后,名次往前移的比率竟高达81.2%。(如表1-1所示)

也就是说,小学时的尖子生,上中学后差不多有一半学生的成绩就落后了。而小学时的中等生,却有八成学生的成绩变得越来越好。周武把这种现象称为"第十名现象"。这里的第十名,并不是指刚好是第十名,而是泛指中等生。

表1-1 小学升入中学后的成绩名次变化

小学	中学
前5名	名次后移比例：43%
7~15名	名次前移比例：81.2%

如果你的孩子刚好就是中等生，切不可因此而沾沾自喜，幻想着天上会掉馅饼。有人根据周武的研究来分析，认为形成"第十名现象"的原因有4项：

① 那些单纯追求第一名的人，可能把大部分时间都用在学习学校的课本上，很少看其他书，所以才考得好。那些中等生，除了花时间看学校的课本外也花了不少时间看其他的书，知识面比较广，接受了更多的人文教育。

② 第一名的人为了保住好成绩，只顾做功课、刷题，很少参加课外活动，也没有什么其他的特长。而那些中等生，积极参加各种文艺活动、社会活动，锻炼了多种能力，长大后在工作岗位上就能发挥出作用来。

③ 追求第一名的人，很少做运动，身体不够健康，将来参加工作后，因为体质弱，容易生病，胜任不了繁重的工作。而中等生坚持运动锻炼，身体好，工作后能承担更大的压力和复杂的任务。

④追求第一名的人，容易赢得起、输不起，每天战战兢兢，总担心自己的成绩下滑，经不起挫折、失败。而他们一旦走入社会，会因为缺乏抗挫折能力，很难取得大成功。

所以，我们说第十名比第一名更有前途，指的是学生全面健康地发展，而不是单纯以短暂的考试成绩论英雄。

如果学生能做到广泛阅读、积极参加各种活动、每天坚持运动锻炼、培养胜不骄败不馁的心智，自然而然成为第一名，那也是值得鼓励的。毕竟，从小优秀到大，确实是一件好事。

如果学生只是单纯为了考试成绩好，其他综合素质很一般，那他未来的竞争力，也是偏低的。

我曾教过的一位学生小廖，就是这样的优秀例子。他当时在班里的成绩中等偏上，每次都能考90分以上，依照他的能力，其实再努力一把，考100分也不是太难的事情。

但他不愿意把时间都花在刷题上，每天做完学校的基本功课后，就花大量的时间进行课外阅读，有空还会积极地参加演讲比赛、模型制作等活动。而且他每天都做运动，身体很壮实。

在我的课堂上，他还是那个经常突发奇想，提出有挑战性问题的人，比如，他会问我是如何看待伊拉克战争的。虽然有些同学觉得他有点"怪怪的"，但我明白，这是"燕雀安知鸿鹄之志"。

虽然没有把时间都花在做学校的功课上，但小廖在整个初中阶段，成绩依然始终保持在前10名左右的位置。最终他以一个还不错的成绩，考上了本地的一所重点高中。

上了高中后，小廖的阅读广泛、思维格局大、身体好等特质，就开始逐步发挥出优势来了。当很多同学被高中倍增的学业压得几乎喘不过气的时候，他却如鱼得水，越学越带劲，成绩也越来越好，最后考上了清华大学。

真正的马拉松冠军，不会在发令枪响后，就冲在第一位，那样只会后劲不足。顶尖的马拉松运动员，会策略性地跑在第一集团里，既不落后，也不争先，而是默默地保存实力，匀速跟上。待到最后冲刺阶段，由于后劲能量充足，他就能一马当先，冲出重围，拿到冠军。

学生的学习也是如此。我们不必太看重短期的成绩。小学和中学时的一两次成绩，并不能代表他的整个人生。一个人不一定必须赢在人生起跑线上，也可以赢在人生的每一次转折点上。

所以，当孩子的成绩还未上升到拔尖的阶段时，老师和家长对其进行引导，并增强其自信心，就尤为重要。

1.3 成绩变好之前,如何建立自信

如果有人问你:"学生是因为成绩好,才拥有自信;还是因为有了自信,成绩才会好起来?"你会怎么回答?

这似乎又是一个"是先有鸡还是先有蛋"的问题。但对于当下成绩不好的同学而言,调整学习方法,提高学习效率,并取得成绩的提升,是需要一段时间的。

我曾遇到过的一位学生小曹,因为成绩长期处于班里垫底的位置,对自己产生了极大的不信任,觉得自己不是读书的"料",内心很排斥再去找老师辅导。就连小曹第一次与我见面,也是他妈妈连哄带骗才把他带过来的。

见面时,我看到小曹用卫衣外套的帽子,把自己的脑袋盖起来,进入咨询教室后也不愿拿下来。在家长略带愠色的训斥下,他才极不情愿地伸手把帽子甩下来。

我笑眯眯地看着他,问他对自己的学习有什么期待时,他也是歪头斜眼看着我,回应说:"没有什么期待。"我接着又问了他关于学校环境、个人兴趣等情况,他也是有一句没一句地应付着。

过了两分钟,他带着一丝埋怨的语气转头问陪伴他来的妈妈,干吗要让他今天过来。

经过这几番沟通,我清楚了小曹的现状。他对接受辅导的排斥,多半是因为长期的压抑不得志形成的"习得性无助"。

20 世纪 60 年代,美国心理学家塞利格曼用狗做了一项

经典实验：

他把狗关在笼子里，只要蜂音器一响，就给狗以电击，狗被关在笼子里，无处可逃，只能倒地呻吟和颤抖。多次这样操作后，只要蜂音器一响，即使没有电击，狗也会倒地呻吟和颤抖。哪怕在蜂音器响时把笼门打开，狗也不会逃出去。

塞利格曼把这种本来可以主动地逃避，却绝望地等待痛苦来临的现象，叫作"习得性无助"。如图1-3所示：

图1-3 习得性无助

习惯电击后，放弃逃离。

面对陷入了习得性无助状态的小曹，我清楚此时教他具体的学习方法是没有意义的。他首先需要的是恢复自信。

于是我对小曹妈妈说："孩子今天状态不好，让他先回去吧。"听到我这么一说，小曹抬头看了我一眼，眼里似乎有些惊讶的神色。小曹妈妈也急了，训斥孩子："好不容易来了，怎么还没解决问题就要回去了呢？"

小曹妈妈刚想继续埋怨孩子的不经事，我摆摆手劝阻了她，并说明学习要在心情愉快的前提下，效果才会好。如果孩子今天不愉快，可以改天再来。说完，我又转向孩子，问他："现在是先回家，还是想继续听我说说有什么方法可以改善你的学习效果？"

让小曹妈妈意外的是，孩子突然又表示愿意继续听我说。事后小曹妈妈告诉我，以前找别的老师辅导时，看到孩子不配合，辅导老师通常就会给孩子讲道理，说如果现在不好好学习，将来就得不到好的发展，孩子听了就很不耐烦。

而遇到我时，发现我却顺着他的意思，表示如果状态不好，就可以先回去休息，这让他有了被认同的感觉。

接着，我问小曹喜欢什么，他回答说是打游戏和睡觉。小曹妈妈听到这样的回答，露出一副哭笑不得的样子。但我听后表示很认同，因为我小时候也喜欢打游戏和睡觉，成绩也不好，也曾经考不及格。

每次小曹回应什么，我都先表示对他的认同，一来二去，小曹渐渐地卸下了防备的心理，神情喜悦地跟我聊起天来。

咨询时间结束时，我跟小曹说："今天回去好好睡一觉，明天早点起床去上学，好吧？"小曹爽快地答道："好的。"还伸手比了一个 OK 的手势。

孩子原本已经提出想要休学了，为此小曹妈妈还跟孩子发生了好几次激烈的争吵，几乎都快忍不住要动手打孩子了。现在看到孩子经过咨询辅导后，表示愿意上学了，小曹妈妈也特别兴奋。

第二天，小曹妈妈向我反馈，咨询当天回家的路上，孩子主动跟她聊了不少学校发生的趣事，这让她也倍感意外和愉快。之后，小曹妈妈表示希望继续预约下一次的咨询辅导。

生活中，像小曹这样的孩子，并不罕见。对于陷入习得性无助的孩子而言，他们更需要的是大人对他的认同，而不是自顾自地把大人的"正确想法"强加给他们。只有先满足孩子"获得尊重"的需求感，再谈具体的学习方法，才能开启有效的亲子沟通或师生沟通。

只有解开了孩子内心中那副无形的枷锁，他才会有力量去认真听课。

不过，挑战才刚刚开始……因为孩子上课开小差，是很多家长都绕不过的一个坎。

第二章

防开小差的秘诀,出手必见效

我们先来做个小测试：一个普通学生，在 40 分钟的课堂里，你觉得他会走神儿开小差多少次？

A. 1～2 次

B. 3～5 次

C. 6～9 次

D. 10 次以上

我曾经在我的课堂里做过统计，答案是 C。大多数学生，平均一节课会走神儿 6～9 次。这说明，学生注意力不够集中的情况，是普遍存在的。

一两节课开小差，似乎看不出太大的差距。但习惯性地长期开小差,不同学生间的成绩,就会逐渐拉开差距,且越拉越大。

同样的老师、同样的教材、同样的课堂,学生认真听课与否,通常一个学期就能看出来,两者往往会拉开总分30分的差距,甚至有人单科就会拉开30分的差距。

国内知名的问答平台"知乎"上,有这样一个提问:30岁去上课为什么容易开小差?这可能是普遍存在的问题。这也说明,注意力不够集中的问题,并不会随着年龄的增长而自动消除。另一方面,小时候注意力比较集中的人,也有可能长大后变得注意力不集中。

成绩一般的学生会经常开小差,那是不是成绩优异的学霸,开小差的次数就会少很多呢?

一般人都会这么觉得,学霸上课会比普通生的注意力更集中,所以学霸的成绩才会更好。

事实证明,这也是一个"偏见"。

2.1　成绩第一的学霸为什么也会"上课走神儿"

我过去带过的班级当中,成绩排班里前3的同学(甚至包括不少成绩排第一的学霸),上课开小差的次数一点儿都不比普通生少,有些甚至一节课会开小差10多次,他们也会跟同学讲小话,也会玩自己的东西。但有两点,他们跟普通生确实不一样。

① 老师一讲就听,心收得快。
② 重要的课堂环节不掉链子。

注意力涣散,是一件无法完全杜绝的现象,这是人脑在高度运转了一段时间之后,就会启动的自我保护机制。

汽车刚被发明出来的时候,连续开汽车一段时间之后,发动机会变得滚烫,如果不及时停下来,发动机就有被烧坏的风险。后来,人们发明了冷却系统,发动机一边运转发热,冷却系统一边能同时将温度降下来。从此以后,汽车才得以实现在较长时间内的连续运转。

但人类大脑的进化是非常缓慢的,至今也没有发展出自己的一套"同步冷却系统"。所以,在高度专注学习的过程中,大脑就要时不时地"走一下神",切换到低速运转的状态,以免脑子被"烧坏"。

对于大多数学霸而言,他们普遍比较重视预习的环节。

每当走神儿时,一听到老师讲到自己预习过的知识点,就会唤醒正在"稍事休息"的大脑,重回专心听课的状态中。所以,学霸虽然也会走神儿,但他们收心也收得快。

另外,一节课有 40 分钟,当中所传递的信息点,或所出现的行为,其重要性是不一样的。比如,把一节语文课的 40 分钟切开来看,你会发现,它可能包含以下若干个环节:

① 老师与学生互道问候。
② 老师请大家拿出教材,开始朗读今天的重点课文。
③ 老师把这一课的生字抄在黑板上。
④ 老师点名请学生朗读黑板上的生字。
⑤ 全班集体朗读生字。
⑥ 老师讲解课文的中心思想。
⑦ 老师请学生勾画出好词好句。
⑧ 老师点名请学生说说自己画出哪些好词好句。
⑨ 老师讲解核心句型的语法结构。
⑩ 老师让学生互相讨论如何用核心句型造句。
⑪ 老师点名请学生说说自己造的新句子。
……

在以上的各个环节中,陆续都会有不同的学生开小差,但每个人开小差所带来的影响却不一样。

比如:在第 ③ 个环节"老师把这一课的生字抄在黑板

上"时，因为学生在等待，"没什么事干"，这时学生走神儿的概率就比较高。

在第⑨个环节"老师讲解核心句型的语法结构"时，没有预习过的学生，可能就会因为听不太懂，而放弃继续专心听讲。

而在第④个环节"老师点名请学生朗读黑板上的生字"时，被点名的学生会很专注，因为走神儿了就念不出来，会有"丢脸"的风险。而没被点到名字的学生，就会有开小差的可能，因为并非人人都会对别人的发言表现出浓厚的兴趣。

但在第⑩个环节"老师让学生互相讨论如何用核心句型造句"当中，大家都走神儿的概率会大幅度降低。只要老师补充一句："待会儿每位同学都要来造句"，就会让大多数学生立刻回过神来了，因为这件事跟自己有关了，所以得认真对待，否则就有可能因为造不出句子而"丢脸"。

正所谓：知己知彼，百战不殆。了解走神儿开小差背后的原理之后，就有了正确解决的对策。与其常常批评学生"上课不专心"，不如科学分析学生什么时候更容易走神儿开小差，这对学生掌握所学课堂知识的影响更大。然后建立一套机制，在最重要的课堂环节到来之时，及时引导学生把心收回来。

事实上，每一次走神儿的背后，都有一种对应的行为表现。为了有效帮助学生更好地专注听课，我们有必要多留意一下，在平时的课堂中，出现了哪些行为或现象时，学生此时大概率已经走神儿了。

2.2 管理好这三大影响课堂专注力的"捣蛋鬼"

从生理的角度来看,人之所以会走神儿开小差,通常是因为大脑连续运转导致"过热",就需要停下来"冷却"一下。但有些人的"冷却"时间过长,即使到了该专心听课的环节,心也还没收回来,导致错过了老师讲的部分重要知识点。

根据我多年的课堂观察,当一个学生开始走神儿开小差的时候,通常会出现抖腿、趴桌、转笔这3种行为表现。我把这些行为表现,称为影响课堂专注力的三大"捣蛋鬼"。如图2-1所示:

图 2-1 影响课堂专注力的三大"捣蛋鬼"

① 抖腿

有些人抖腿,是因为感觉统合失调,大脑跟肢体的神经传导连接不够顺畅,所以要时不时抖一抖腿,让大脑确认身体的存在。如果感觉不到身体的存在，大脑会失去安全感，人就会变得焦虑，更不利于集中注意力。

但长时间的抖腿，就意味着大脑要时不时分一下心，去控制腿部的运动神经，然后再切换回来去听课或做课堂练习。这样不停地来回切换，大脑反而更容易有"累"的感觉。

部分有经验的老师，能够观察到班里有些同学在抖腿的时候，会伴随有眼神涣散的状况，所以会通过把讲课音量适当提高，或走到正在抖腿的同学面前等方式，巧妙地提醒他们把注意力收回来。

但有的老师视野有限，或是为了顾及全班的管理，就不太可能及时提醒每一位出现抖腿行为的学生。

如果学生本人能觉察到自己的抖腿现象，并及时收住，听课效率必然可以提高。

人坐着抖腿时，通常会小腿回收，靠近椅子脚，脚后跟离地，这样才方便抖腿。

我在此推荐一个非常简单的技巧，叫作"全脚掌着地"。

你现在可以尝试将两条小腿打开，稍微地往前放，小腿跟大腿呈 90 度角。做这个动作时，你的脚后跟会自然地落下，整个脚掌着地，你就感觉不那么方便抖腿了。就算要抖，也是你刻意控制去抖，很少再会有那种忍不住自己想抖起来的感觉。如图 2-2 所示：

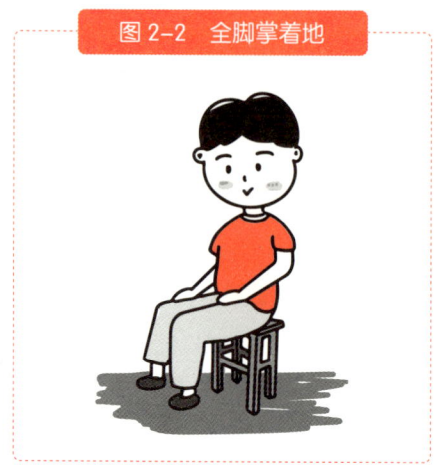

图2-2 全脚掌着地

家长在家就可以协助孩子多做这方面的训练。在孩子的书桌上贴一张写着"全脚掌着地"的便签,每当发现孩子在学习时抖腿,就提醒孩子"全脚掌着地"。孩子收到提醒,只要调整好身体姿势,小腿前伸,全脚掌着地,通常就不会继续抖腿了。

通过一段时间的提醒训练,孩子会慢慢形成条件反射,每当觉察到自己抖腿,只要轻轻把小腿往前稍微一伸,全脚掌着地,就能轻松控制住原本正抖个不停的腿,进而更专注于当下的学习任务。

② 趴桌

有些学生在上课的时候,喜欢时不时地把上半身趴在桌子上,理由是这样趴着比较舒服。从生理的角度来看,这个理由非常充分。我们生活在地球上，身体无时无刻不在跟地球重力做对抗，身体肌肉无法避免会出现疲劳酸胀的状况。

尤其是在上课的时候，因为要抬头专注听老师讲课，时间一长，支撑头部的肩颈肌肉就会疲劳，这时往桌面上一趴，可以适当缓解这种疲劳感。

但趴在桌面上，会影响听课效果，产生副作用。因为人趴在桌面上的时候，身体呈一个字母"C"的姿势，这样会压制胸肺，导致呼吸不够深，大脑供氧不足。大脑一缺氧，人就容易变得昏昏欲睡，更加听不进课。

用什么方法可以解决肩颈疲劳，同时又不会压制胸肺，从而保持高度专注听课的状态呢？

人耳垂后面的脖子上，有一块肌肉叫作"耳后肌"，它连接着头部到肩膀的主要肌肉群。如图2-3所示：

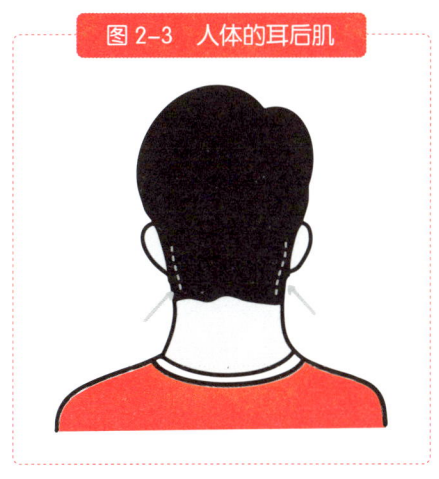

当学生感到头部沉重,想要趴到桌面上时,可以自己按揉一下这块耳后肌,它能够起到快速缓解肩颈酸胀,提高注意力的作用。

这个技巧也可以在家里多进行练习。操作方法很简单,家长发现孩子每次想趴桌子时,就提醒他把左手的食指、中指和无名指合并起来,稍微用劲按揉左边的耳后肌。

按揉的力度达到有些压迫感,但又不至于疼痛的程度,并在心里默数 2~4 个 8 拍。按完左边后,换右手按揉右边的耳后肌。如图 2-4 所示:

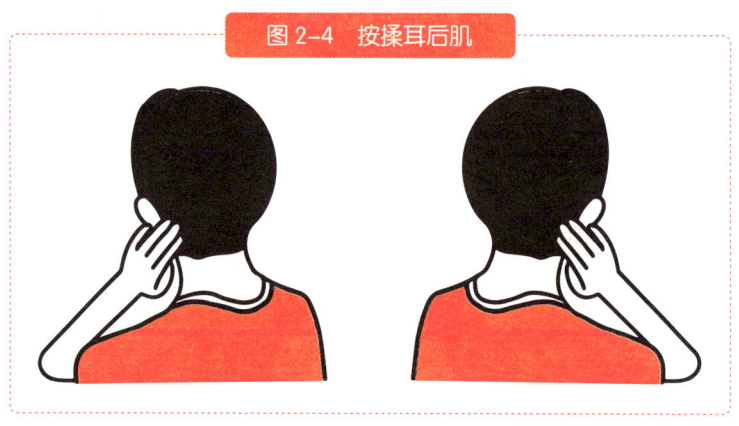

图 2-4 按揉耳后肌

整个过程仅需 1 分钟左右,就可以有效帮助孩子解除趴桌子的欲念,重回较好的学习状态。

在学校的课堂中,老师在课前先花 1 分钟,引导学生做这个"按揉耳后肌"的动作,也能有效提高学生的听课效果。

③ 转笔

转笔,是一个颇具争议的行为,它就像一把双刃剑,既有好处,也有坏处。

转笔的好处有:它可以锻炼学生手指的灵活度,刺激大脑的神经细胞,提升手脑协调能力,增进学习能力和记忆力。

转笔的坏处有:在学习时转笔会分散注意力,时间长了会形成一种依赖性,甚至演变成强迫症,连吃饭时拿起筷子都要转一下,这样显得很不礼貌。

由此可见,转笔并非完全不可取,关键是什么时候玩。如果在空余时间专注练一练,还是有好处的;如果在做作业、听课时随手就转个不停,则弊大于利。

如何才能戒掉上课转笔的习惯呢?

首先,从生理的角度来分析,转笔跟抖腿是相通的,它们都是大脑触动肢体运动神经的行为。说白了,就是身体想刷一下存在感。那么,只要用其他不那么分神,又能让身体产生一定的触觉感的方法来代替转笔,转笔的问题也就随之迎刃而解了。

比如:在手里握一块橡皮(如图2-5所示),或者两手扶着课本两侧,以此来代替转笔(如图2-6所示)。只要不让双手闲下来,大脑感受到了身体的存在,就不会强迫自己非得用转笔的方式来刷存在感。

图2-5 手握橡皮

图2-6 手扶课本

手握橡皮或扶着课本,都是静态的动作,并不影响学生抬头专心听老师讲课。而转笔是动态的动作,学生的眼睛和大脑会不断地切换注意力到转笔这个动作上,大脑就会分神,影响听课。而且有时把笔转脱离了手,笔掉到地上的"滴答"声,既会影响其他同学听课,自己也会因为弯腰去捡笔,而错过了老师讲的某些重要知识内容。

抖腿、趴桌、转笔,就是课堂上最常见的分神的行为表现。管理好这三大影响课堂专注力的"捣蛋鬼",孩子的学习效率起码可以提升30%。

那么,我们常常还会遇到有些学生,因为专心听课而消耗了大量的身体能量,进而出现了一种普遍的现象:每天的前两节课还能专心听课,后两节课就精神萎靡,没有认真学习的精神和态度了。这种情况又该如何应对呢?

2.3 课间3分钟醒脑操,让下节课仍精神抖擞

学校的每节课之间,通常有10分钟的休息时间,但大部分学生并不知道如何利用好这10分钟的课间休息,来增强听课的效果。

课间休息时,有些学生要么拼命追逐打闹,弄得浑身大汗,上课铃响了还在气喘吁吁,久久都平静不下来;要么就"懒"得出去,一直呆坐在教室里,然后到了上课时间,才发现自己居然开始腰酸背疼,或是因为没有及时上厕所排便,导致不得不憋着,坐立不安。

如果学生没有利用好课间休息,帮助自己恢复下节课的学习状态,那这10分钟就白白浪费掉了,这是一种不够明智的行为。

俗话说,学习需要劳逸结合。我们要让孩子充分认识到课间休息的作用和好处,并通过课间休息对他们产生积极的影响。现代心理学的研究表明:

① 课间休息,是对刚学到的知识及时进行巩固记忆的最佳时机。

② 正确的课间休息,可缓解大脑疲劳,恢复大脑的工作能力。

③ 正确的课间休息,能够消除上课久坐所产生的肌肉紧张等不适感。

针对这三大好处，我给我的学生设计了一套简单易行的课间醒脑操，只需3分钟便可完成。

① **颈椎运动**：起身走出教室，立于阳台或操场上，控制头部轻微向前后摆动、向左右摆动，以及左右转动。每个动作做2个8拍（共需30秒左右）。如图2-7所示：

图2-7 颈椎运动

② **弓步运动**：两腿前后分开，前腿呈90度弯曲，后腿伸直。两腿交替在前，各做2~4个8拍（共需1分钟左右）。如图2-8所示。

需要特别注意的是，做弓步运动的过程中，上半身不要与地面垂直，与后腿形成反弓的姿势，不然的话，会让腰背肌肉更紧张。而是要顺势向前伸，上半身与腿基本呈直线，这样才能舒缓腰背肌肉的紧张感。如图2-8所示：

图 2-8 弓步运动

③ **电影回忆**：将上一节课的主要内容（课本知识概念、案例图示及笔记重点等），像过电影一样，快速回忆一遍（共需 1 分钟左右）。如图 2-9 所示：

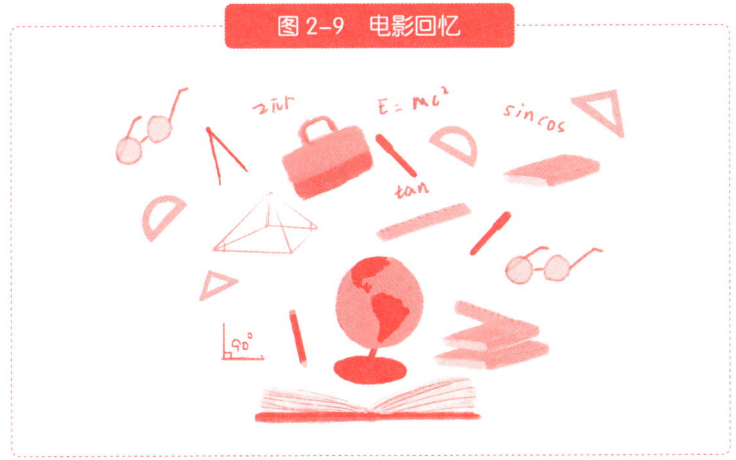

图 2-9 电影回忆

记忆心理学的研究表明，刚学过的内容，在前 20 分钟遗忘的速度最快。所以，下课后第一时间巩固复习，能让这些知识更好地在大脑中扎根，即使在晚上做作业时，依然保留有较深的印象。

做完这 3 个动作，就可以自由地在阳台或操场上慢慢走动（尽量不要做激烈的跑、跳、追逐等动作），跟同学、朋友聊聊天。这样到了下节课，学生由于已经得到有效的休息，便能保持精神抖擞的状态去听课。

我们来算一笔时间账，假如一天有 8 节课，那就有 6 个课间，每次课间都正确利用好，让下节课的听课吸收效果获得提高，哪怕只提高 5%，一天下来，自己就比别人多了 30% 的知识吸收量。假以时日，自己将会跟周围同学拉开一个相当可观的差距。

2.4 上课听不进，1分钟搞定

上课时间久坐，身体血液流速放缓，大脑供氧不足，进而导致学生犯困、专注力下降。除了眼睛以外，耳朵也是上课时用得较多的器官之一。耳朵的状态不好，会导致听力模糊，听不清老师讲话的内容。

大部分使用耳机听音乐的人会有这样的体验：连续用耳机听了30分钟音乐后，摘下耳机时，会有短时间内轻微耳鸣的现象。此时听别人讲话会感觉听不太清楚，听觉反应力有所下降。

而揉捏耳朵可以让自己的听觉系统从疲劳状态中恢复过来，提高听力反应的敏感度。具体做法如图2-10所示：

图2-10 揉捏耳朵

大拇指和食指夹住耳郭，并稍微用点劲进行揉捏（力度控制在耳朵有适当的拉扯感，但又不至于疼痛）。按照"上耳郭—中耳郭—下耳垂"的顺序揉捏4~8遍。

揉捏完毕后，耳朵会有微热的感觉，同时精神状态会清醒，注意力更集中，老师的授课内容也会感觉更能听得进去了。

过去曾有学生反映，自己的英语听力不好，上课时不管怎么听总感觉进步不大。于是，我推荐他们在练习英语听力时，通过揉捏耳朵来提高自己听觉的灵敏度，从而提高听力练习的质量。具体做法如下：

① 选好适合自己当前水平的听力素材。
② 边听英语听力录音，边做揉捏耳朵的动作（揉捏4~6遍即可）。

几乎所有学生都反映，在揉捏耳朵的过程当中，会突然感觉听到的录音声音变大且变清晰了。而且在揉捏完后，这种听声音更清晰的状态，还能继续维持相当长一段时间。

身体本来就是最重要的学习工具，通过揉捏耳朵调节听觉状态，学会这一方法，就能有效提高听课的效率。持续运用这个方法1~2个月后，学生普遍反馈自己的英语听力成绩有所提高。

第三章

旺盛学习精力的三大来源

众所周知,手电筒的电池电量少了,灯光就照不远。同样的道理,人的身体能量少了,学习也难以坚持下去。

很多开车的司机估计都有这样的经历:开一辆好车时,踩下油门提速时的那种推背感,着实令人兴奋。这种驾驶的乐趣,只有亲身体验过的人才会明白。

学生听课也是如此。进入课堂、打开课本、翻开练习册、举手、回答完老师的提问……种种学习的瞬间,那种从脚底板油然而生的喜悦感,也只有真正爱上学习的人才会明白。

遗憾的是,90%的孩子极少能感受到这种学习的乐趣。这就好比汽车缺油了会跑不动,孩子缺了能量,好的听课状态也就难以为继。

接下来,我将从饮食、运动和睡眠这三大方面,来介绍如何让孩子拥有旺盛的学习精力。

3.1 科学饮食为提分供能

很多家长都知道,健康饮食对孩子的健康成长很重要,但从科学角度重视饮食对孩子学习状态影响的家长,并不多见。而在行动上真正为孩子制订科学健脑食谱的家长,就更少了。

《科技经济市场》杂志曾刊文《科学饮食可提高大脑工作效率》,如图 3-1 所示:

图 3-1 《科学饮食可提高大脑工作效率》

我们将其中的精华内容提炼出来后,稍做整理其实就是一份非常值得借鉴的健脑食谱,如表 3-1 所示:

表 3-1 健脑食谱

营养元素	作用		来源食物
维生素 B_9	确保血液给器官充氧	保持记忆	动物肝脏、麦芽、菜豆、水田芥、核桃、菠菜
维生素 B_6	促进神经元的联系		麦芽、蛙鱼
维生素 B_{12}	生成神经递质		肉、蛋、鱼、虾、蟹
维生素 E	保护生物膜,防止大脑衰老		麦芽、橄榄、核桃、油菜、茴香、蛋黄
硒	抗衰老		金枪鱼、牛肝、壳菜、牡蛎
葡萄糖	提高熟记的能力		米、面、小扁豆、面包

了解这些食物及其营养元素对大脑的作用,家长就可以有的放矢,为孩子制订出一份"学霸食谱"。

如果说饮食是给身体"注入能量",那运动就是要让这些能量顺利地在体内循环起来。

3.2 定期运动为提分输能

"70后""80后"的那一代人,一定对体育课常常被语数英等"主科"占用的情况记忆犹新。当他们有了自己的孩子后,很多人也因为孩子的学习时间不够用,一再压缩孩子的运动时间。

那么,增加孩子的运动时间,难道就一定会影响孩子的学习成绩吗?

芝加哥的一所中学,曾实施了一项"零时体育计划"。他们让学生早上7点就到校,先进行跑步等运动,等学生的心跳达到最高值或最大摄氧量的70%,才开始正式上课。这么早就要催促孩子到学校跑步,家长难道没有意见吗?

你猜对了,这项计划一开始就遭到了家长的普遍反对,理由很简单:很多孩子本来就赖床,不愿早起,再去操场跑几圈,岂不一进教室就打瞌睡?

计划实施了一段时间之后,结果出现了反转,学生们在运动之后,反而变得更清醒,上课的气氛也更好了,记忆力和专注力都提升了。

从生理的角度剖析,人在运动时会产生多巴胺、血清素和去甲肾上腺素,这3种神经传导物质都与我们的学习有关。

多巴胺是一种能让人产生快乐感的物质,大脑的快乐中心——伏隔核,都是多巴胺的受体。经常运动的人会有这样的体验:运动完了,整个人都会神清气爽。那些经常运动的孩子，通常精力更充沛，情绪控制能力也更强。

血清素的增加，会让人的记忆力变好，并且能调节人的情绪，使人的情绪稳定。很多抗抑郁症的药，其基本原理就是阻挡大脑中血清素的回收，让血清素尽量多留存在大脑中，以使人更镇定。

而去甲肾上腺素的分泌，则可以提高一个人的专注力，让人记得快、学得好。

人体在运动时分泌出来的多巴胺、血清素和去甲肾上腺素，就像一条拴在大脑上的缰绳，让学生有能力驾驭自己的大脑，向良好的学习方向前进。

这所中学还做了一个实验：将学生最不喜欢、最头痛的数学课，排在上午第二节和下午第四节课上，将两组的上课情况进行对比。结果显示，上午那一组的学习效果更好，且比下午那一组要好上 2 倍。因为运动后的神经传导物质，在上午第二节课时还留存在大脑中，但到下午时就差不多耗尽了。

良好的数据反馈，使家长们信服，家长们渐渐就不再反对"零时体育计划"了。而且现在美国有更多地方的学校也在推进这项计划。

在过去，人们会调侃"你的数学是不是体育老师教的"。如今，研究成果表明，运动思维对于孩子学习成绩的提升，有积极正向的影响。

国内的天津中学有一位体育老师叫张目求思，他在担任一个新班的班主任后，充分调动了学生的学习积极性，带领学生参加文体活动，在1个月后的月考中，他所带的班级就位列全年级总成绩第一。

由此可见，学校体育课不但不应该减少，还应该适当增加才对。即使学校无法做到这样的安排，家长也应鼓励孩子在放学后多运动，因为只有孩子拥有充足的体能，才能获得持续提升的学习效果。

最后，就必须提到与学习记忆关系最密切的睡眠了。

3.3　优质睡眠为提分补能

我去年接到一位家长的咨询，说起自己孩子的学习，那是相当的刻苦，经常做作业到半夜 12 点，有时甚至到凌晨一两点。叙说的过程中，家长都有点感动了。但遗憾的是，孩子的努力，感动了她，却没有感动成绩。孩子的考试成绩，已经原地踏步一年多了。

我问孩子："你刷了那么多题，感觉能记住吗？"孩子说："其实当时好像懂一些，但头脑晕乎乎的，第二天都记不太清了。"

这也是许多孩子和家长的误区：为了提高成绩，首先想到的就是增加时间上的投入，即使是以牺牲睡眠为代价也在所不惜。

但他们忽视了，高质量的睡眠，是大脑增强记忆的重要环节之一。

科学研究表明，当人进入深度睡眠时，眼球会快速转动。因为自己睡着了，所以自己并不清楚其实眼球还在快速转动。眼球的快速转动，会产生许多生动的梦境，帮助一个人记住白天经历的事情。以在读学生为例，白天经历的事情就包括在课堂上学习过的内容。

眼球快速转动的过程中，就像播放电影一样，会把学习过的知识，在大脑中重演一遍。如果学生经常熬夜，睡眠时间不足，进入眼球快速转动的深度睡眠时间也会不足。如此一来，自己所学过的知识内容，在大脑中重演的机会就不多，那我们又怎么能充分记得呢？

所以，要想提高学习记忆的效果，我建议学生尽量不要熬夜，到点了先睡觉，宁愿第二天早起一点，或另外找时间补没做完的作业。

有些家长误以为学霸都是熬夜熬出来的，殊不知顶尖的学霸更注重睡眠。学生以饱满的精神状态认真听好每一节课，这样才能更快更好地完成每天的练习作业。

而经常熬夜的"刻苦型"学霸，成绩在短期内固然可以冲刺一下，但从长期来看，恐怕很难持久。他们常常会因为后劲不足，被其他更注重长期学习习惯的学霸赶超。

如果只比赛跑100米，博尔特（三届奥运会男子100米冠军）自然是独步天下。如果换成比赛跑42公里，面对基普乔格（2016年里约热内卢奥运会男子马拉松冠军）时，博尔特也要甘拜下风。

所以，对于孩子的学习规划，作为家长，你更愿意把它看作是短跑，还是长跑呢？

第四章

白丢 30 分的听课误区

不少学生在考完试后，会对试卷上的错题进行分析，找出丢分的原因。比如：哪个公式没用对，哪个字词填错了，等等。事实上，丢分的"种子"，可能早在每个学期开始时就已经种下了。

俗话说，一分耕耘，一分收获。你知道一年当中，一位学生在学校"耕耘"多长时间吗？

按走读来计算的话，周一至周五，学生每天在学校待的时间，通常达到6~8个小时。每个学期平均有20周，一年两个学期，学生累计就在学校度过了1200~1600个小时。

花了那么多的时间待在学校，是不是成绩就能获得有效的提升呢？事实并非如此。对于"听课"这件事，很多学生还存在着重大的误区。

4.1 这节课太简单，干脆做其他科目作业

这个误区多半是从小学阶段就产生了。现在许多妈妈非常重视孩子的早期教育，为了让自己的孩子赢在起跑线上，就给孩子报了各种培优班。

说是培优，其实大多数是提前学习学校的知识内容。目的很明显，因为提前学过了，待学校正式上课时，再碰到同样的内容，孩子就觉得简单了。

对于部分孩子来说，由于认知还很不成熟，所以，他们会把"知道了"等同于"已掌握"，上课时就会觉得老师老在讲重复的东西，就不愿意再专心听课。有些同学干脆做起了其他科目的作业。比如：语文课做数学作业、数学课做历史作业。

当然，在一些管理比较严格的老师的课堂上，这种做别科作业的情况不允许发生，但学生还是会不可避免地产生游离的心态，进而会有跟别人说小话、在本子上瞎涂乱画等其他行为。

事实上，一门科目的学习，分为"理解—记忆—运用"这3个不同的层次阶段（如图4-1所示）。

很多孩子所认为的"我懂了",其实只是停留在"理解"的层面上,仅仅是知道了一些基本概念,知识并未进入大脑的深层记忆区。也就是说,今天"懂了",过两天就会"忘了"。

所以,哪怕在校外辅导班提前学过,也不能忽视学校课堂学习的重要性。对于基础比较薄弱的学生来说,可以把校外辅导班提前学习看作是一次深度的预习,回到学校的课堂后,就是温故而知新。通过再次复习,让原来的"浅层记忆",逐步变成"深层记忆",这样才能尽量避免在考试时出现"好像学过,但就是想不起来"的现象。

同时,课堂上老师还会组织大家进行拓展练习,把学过的知识点,进行综合运用,目的是让同学们发展出举一反三的能力。

所以,有些孩子之所以认为简单,不过是错误地用"理解"来代替了"掌握"。抱着这样的想法,是学不扎实的。只有完整通过"理解—记忆—运用"3个环节的考验,课本上的知识,才会变成自己的知识。

4.2 学校课堂随便听听,反正报了校外辅导班

这个误区是上一个误区的"双胞胎兄弟",前者是因为提前学过了,所以上课不再专心听;后者是因为后面还可以再学,所以上课不想专心听。

无论是哪一个误区,对于时间的利用,效率都是低下的。时间是不可再生的资源,无法倒流,错过了就错过了。

对于校外辅导班,家长和孩子也要理性看待,要把它当成有益的补充,而不是把它作为"得过且过"找借口的应急方案。

所以,家长给孩子报校外辅导班,可以把它作为一个查缺补漏的学习环节。比如:学校课堂里觉得不太好理解的知识内容,在上辅导班的时候,就可以有重点地做笔记和做练习。

对于学校课堂里已经讲过的内容,已经有了一定的印象,那在上辅导班的时候,就可以多举手回答问题,或上台演示答题。这就是"运用"知识的一个过程,把"知道了"变成"会做了"。

这样去处理学校课程和校外辅导班的关系,就让两者的时间利用,形成了互补的作用,实现了"1+1>2"的学习效果。如此,家长对孩子的教育资金投入,也就有了更合理的回报。

4.3 不喜欢这位老师，所以就学不好这门科目

俗话说，兴趣是最好的老师。反过来说，如果孩子不感兴趣，老师也很难发挥出良性教导的作用。

在我接过的辅导案例中，大概有 40% 的学生是因为不喜欢某位老师，所以就连带着不喜欢这位老师教的科目。结果可想而知，学生这个科目的成绩通常都不好。

孩子为什么会不喜欢某位老师呢？总结起来，原因通常有两大类：

① 老师上课讲得不够精彩

这有可能是老师的教学水平有限，讲的东西太生涩难懂；也有可能是老师的授课风格的问题，与部分学生的学习风格不匹配。两者都有可能会造成学生的理解困难，进而让学生失去听课的兴趣。

② 老师的言辞伤害过学生

不排除个别老师的师德修养不足，习惯用讽刺的话语来教训学生，导致学生的心理受到伤害。也有可能是有时老师提出善意的批评，但某些学生的心理承受能力比较弱，把老师的提醒教育看作是对自己的无限否定。

孩子出现不喜欢某位老师的现象，家长要学会先接纳，而不是简单粗暴地先教训孩子"不懂做人"。人与人之间有差

异性,孩子的这种表现也是很正常的。换作大人所在的职场里,也并不是每一位领导都能百分百让每一位员工都喜欢的。哪怕这位领导的业绩是全公司第一,也乐于帮助下属,但还是会有人对这位领导不满意。

所以,孩子不喜欢某位老师,一味地强迫孩子喜欢,其作用是微乎其微的,甚至可能会起到反作用,让孩子更加讨厌学习这门科目。

但我们可以转变思路,让孩子喜欢上这门科目本身,而不是把注意力放在老师不足的一面(如图4-2所示)。同时,我们要相信大部分有水平的老师,会想尽办法因材施教,让每一位学生都学有所获。

图4-2 把注意力转到学习该科目本身

学有所获,并不意味着每位学生的收获都一样,这不现实。这就好比要求公司给每位员工的工资都一样，这岂不等于又回到吃大锅饭的时代了吗？

所以，给孩子选一个好的辅导班，可以在一定程度上解决这个问题。有人可能会问：前面刚说到报校外辅导班的负面影响，现在又鼓励给孩子报班，这不自相矛盾吗？

其实并不矛盾，我并没有否定报辅导班也有正面的作用，而是提倡学生不能因为报了辅导班，就忽视了在学校专心听课。

不少辅导班之所以能够在市场中立足，授课老师也是花了大心思的。姑且不论辅导班老师与学校公职老师相比，谁的教学水平更高，但有一点是可以肯定的：如果辅导班的老师，不注重课堂的趣味性，不能让孩子喜欢，家长是不会再交费续班的。

人性便是如此，只有用户喜欢了，才有人愿意买单。

家长只要在报班的时候，同时做好孩子的思想工作，让其把辅导班的作用，与学校听课的作用，有机地结合起来，不要顾此失彼，而是联合并进，这样就有可能逐步让孩子喜欢上这个科目，进而还有可能改变孩子对学校课堂的认知。

此外，也有少部分孩子是因为讨厌某位老师，反而立志要把这位老师教的科目学好，有一种要让这位老师"等着瞧"的心气。虽然我们不鼓励以这样的心态来学习，但在短期内，如果能让孩子爆发出学习的斗志，家长也不必急于横加干涉。

先让孩子行动起来,把学习成绩提升上去,建立起学习自信后,再逐步引导孩子把心思转移到对知识探究的方向上,而不是放在与老师"对抗"的方向上。大多数时候,有道理,不如有效果。

第五章

3个妙招记住90%的课堂内容

学生在学校的一天当中，听课是时间占比最大的学习活动（通常有 6 个小时）。如何利用好课堂时间，决定了孩子的核心学习效率。假若这 6 个小时的课堂时间，没有高效利用好，试图通过校外辅导班再去弥补，实在是得不偿失。

要想抓住宝贵的课堂时间，就必须回归课本，掌握好课本中的核心知识。

很多学生所采用的题海战术，虽然付出了很大的努力来大量刷题，但这样接触到的知识点是零散的、不系统的，缺乏系统性和逻辑性，是典型的"只见树木，不见森林"，学生无法从整体上掌握相关学科的知识框架。

如何能引导孩子学会站在全局的角度，大幅度提升课堂学习的效率呢？

5.1 知识地图：10 分钟抓住课本核心框架

打个比方：假如你去参加一场学习会，一进入房间，发现每一个人你都不认识（如图 5-1 所示）。那么，你在这种完全陌生的环境中，是否会待得有些不安？再进一步说，要想跟里面的陌生人都交上朋友，是不是就比较困难？

如果第二天你又去了另一场学习会，发现有几位与会人员是你认识的朋友（如图 5-2 所示），你是不是就会感觉舒心许多，并且更乐于参与学习讨论了呢？虽然这里面还有些人你并不认识，但你的朋友却很有可能认识他们。通过彼此朋友的介绍，你跟其他陌生人也打上交道的速度，是不是就快多了呢？

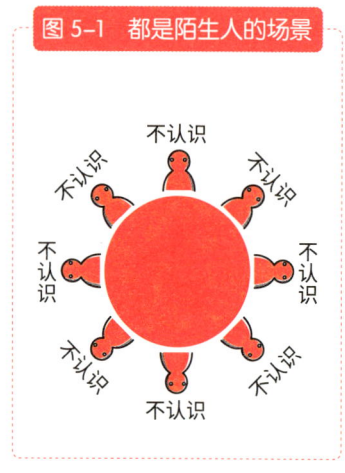

图 5-1　都是陌生人的场景

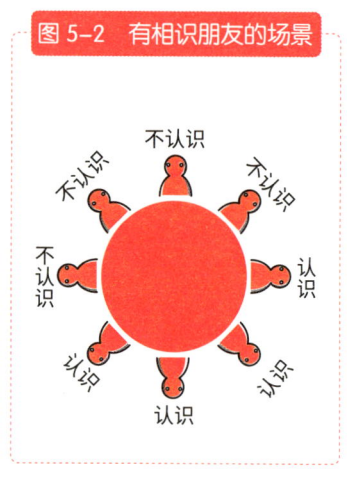

图 5-2　有相识朋友的场景

比较一下这两种场景,哪种能让你更快融入进去,并且更容易跟其他陌生人打上交道呢?

答案是显而易见的。

什么是学习的本质?学习的本质,就是将外界的知识,转化成自己的知识。

外界的知识与自己的知识

而在此之前,外界的知识对于一个人来说,都是陌生的。大脑对于陌生的东西,天然有一种排斥感,不那么容易接受,除非你重复了很多遍,硬把这些信息灌进去。

就以前面说的参加两场不同学习会的情况为例,对于大部分人来说,快速结交一个陌生人,的确不那么容易。如果有熟人的引见介绍,就容易多了。

老话说得好:有熟人,好办事。学习也是这个道理,通过引入旧知识,让新旧知识形成有机的联系,能更好地学会新知识。

基于这个原理,每次有学生和家长找我做学习辅导时,我都会大力向他们推荐画"知识地图"。

画知识地图,即把课本上的知识点、老师上课强调的重点、练习册中的经典题、考试做错的题等,进行系统整理,把当中涉及知识点的关键词提炼出来,画成思维导图的样式。以数学几何知识为例,如图 5-3 所示:

图 5-3　知识地图框架模型

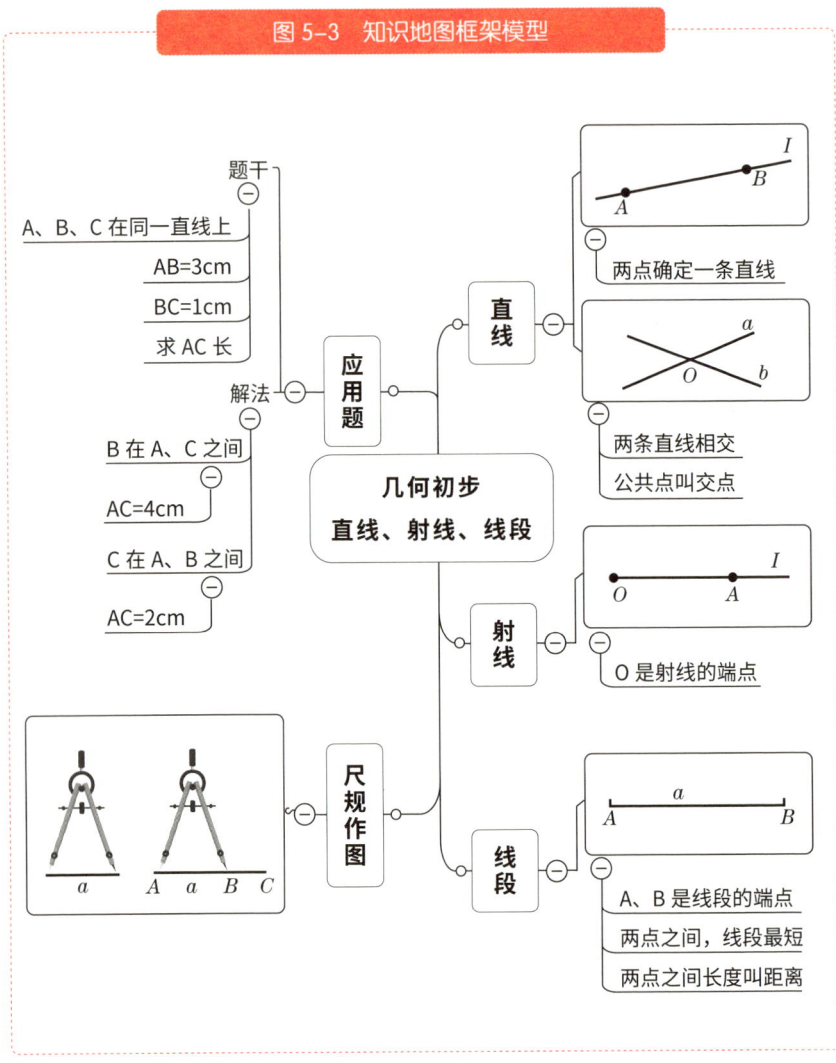

画知识地图时，可参照如下基本原则：

① 按课本上的章节来划分，每一章或每一节的知识点就画在同一张纸上。

② 不必抄写大段的文字，提炼关键词即可，越简练越好记。

③ 给各项知识点标注熟悉程度。

为什么要给各项知识点标注熟悉程度呢？因为学生在学习不同的章节时，对各项知识点的理解程度是不一样的。通过标注熟悉程度，将来再次复习时，就能合理分配时间，提高记忆的效果。

具体做法是：在各项知识点旁边，用不同的符号，标注出对它们的熟悉程度（比如√、○、△等）。如图5-4所示：

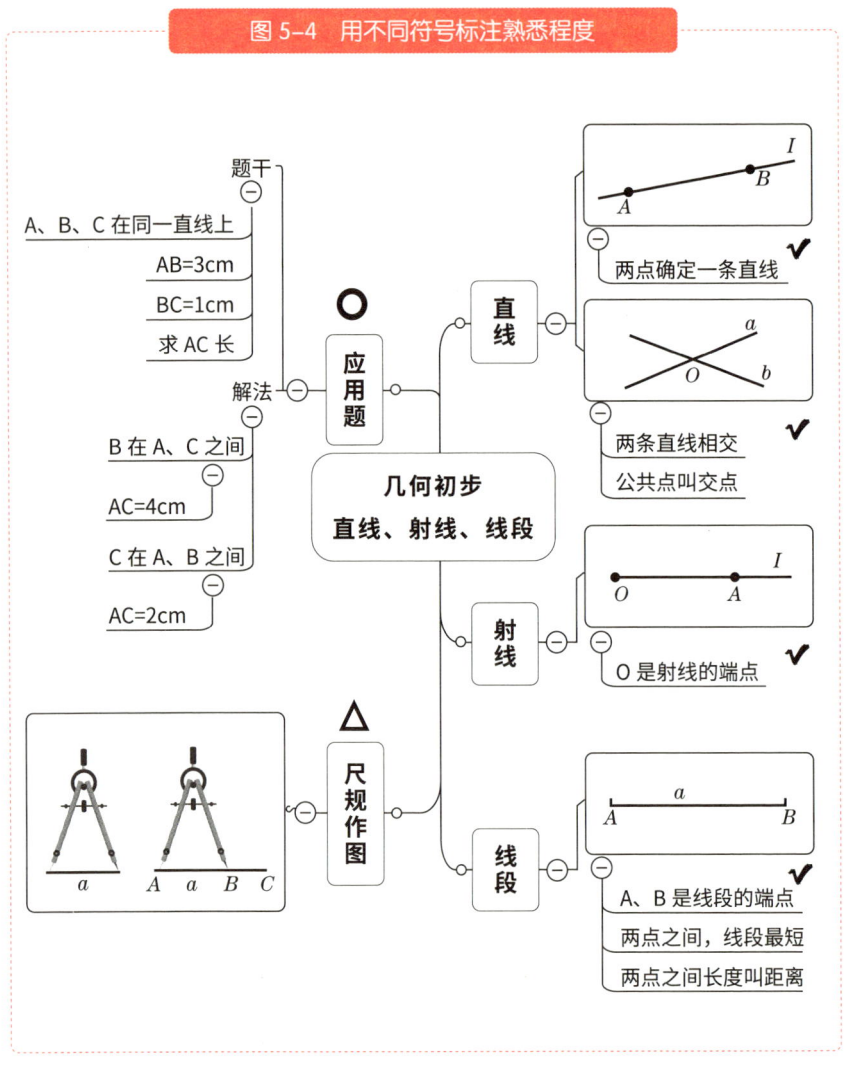

图 5-4　用不同符号标注熟悉程度

标注"√"的知识点：代表已经掌握。将来复习时，只需花少量时间快速浏览。

标注"○"的知识点：代表一知半解。这是将来复习的重点，要逐步练到一看见这个知识点，脑海中就能想到一个对应的例子或例题。直到自己感觉比较熟悉之后，就可以改标注为"√"。

标注"△"的知识点：代表还没懂。这说明自己对该知识点还未掌握，需尽快抽空请教同学或老师。当自己至少能做到用举例来解释该知识点之后，可以改标注为"○"。

跟人打交道，你要经历"完全陌生—半生半熟—相谈甚欢"的不同阶段。一个人学习新知识，也需要经历以下类似的过程：

还没搞懂——一知半解—完全掌握

总而言之，画知识地图能让学生看到"整片森林"。带着全局的思维，学生就能清楚自己对哪些知识点熟悉，对哪些知识点不熟悉。把熟悉的知识点，跟不熟悉的知识点放在一起，让它们产生联系，就是通过"已知"来带动"未知"，不但再次巩固了旧知识，而且更有利于深度理解新知识。这跟先通过熟人的介绍，就更容易结交新朋友的道理是一样的。

而当遇到某些知识点涉及比较复杂的概念，简单的关键词不足以表达清楚，甚至抄完整句概念定义，也还是无法理解透彻这种情况时怎么办？此时，就需要增加一道经典例题来帮助自己更好地理解这个概念。

但经典例题往往字数比较多，直接原文全抄下来，会让知识地图周围显得十分拥挤，不利于将来快速复习。而且全文抄写也会占用学生较多时间，此举是跟"提高效率"相违背的。如何能够解决这个问题呢？

"索引标注"可以有效解决这个问题。索引标注，即在相关知识点旁标注索引，以此方式来帮助学生快速定位相关的拓展例题。

某个知识点如果来自课本，就标注"×××课本第××页第×段"；如果来自一份做过的试卷，可以标注"×××试卷第××页第×题"；如果来自错题笔记本，可以标注"×××错题本第××页第×题"。如图5-5所示：

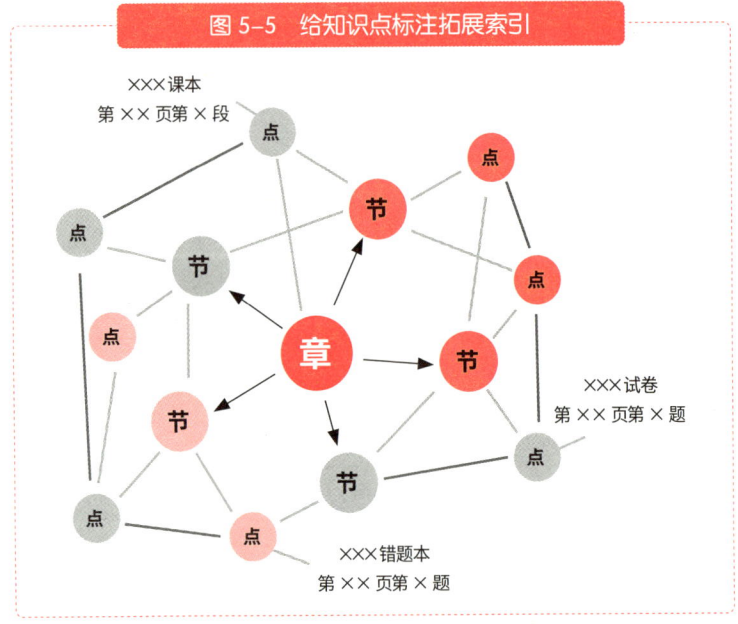

图5-5 给知识点标注拓展索引

这样进行索引标注,既保留了知识地图本身的简洁度,又确保学生自己将来能够快速找到相关的拓展知识和例题。

高效的学习,就是一个把书读厚,然后又把书读薄的过程。如果不分重点,什么都要记,就是眉毛胡子一把抓,只会把书越读越厚。

以初中 3 年为例,把所有科目的教材加起来,就已经有厚厚的几十本,还未算上一摞摞的各种练习册和试卷集。家长可以回顾一下,自己当年熬到初三最后冲刺阶段,眼看着堆成小山的教材和资料,是不是也会心中暗呼"脑瓜儿疼"呢?

如果学生现在就转变策略,把读厚的书,再继续读薄,把课本及练习册上的大量知识点,精选浓缩成薄薄一沓的知识地图(如图 5-6 所示),到了初三最后冲刺阶段,凭着这沓知识地图(一个文件袋就能装完),就能更清楚自己该在哪些地方发力了。

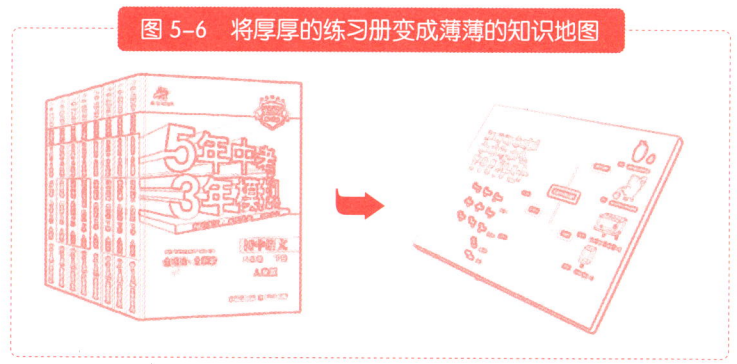

图 5-6 将厚厚的练习册变成薄薄的知识地图

提分，就是把复杂的事情简单做，简单的事情高效做。

做好了课本知识的整理，学生就至少掌握了 60% ~ 80% 的核心知识。而老师在授课过程中，还会根据课本知识，进行多方面的拓展，并做出示范的板书。对于老师板书中的重要内容，如何记录更有效呢？

5.2 图形笔记：老师的板书重点一网打尽

老师上课时写的板书，往往是课本知识的框架式整理或者是重要知识的拓展。所以，根据老师的板书做好笔记，也是听好课的关键环节之一。

有些同学生怕自己记不住，一边听课，一边把老师板书的所有内容都抄下来，不但抄得非常辛苦，而且有时很容易就漏掉了老师的口头讲解说明。

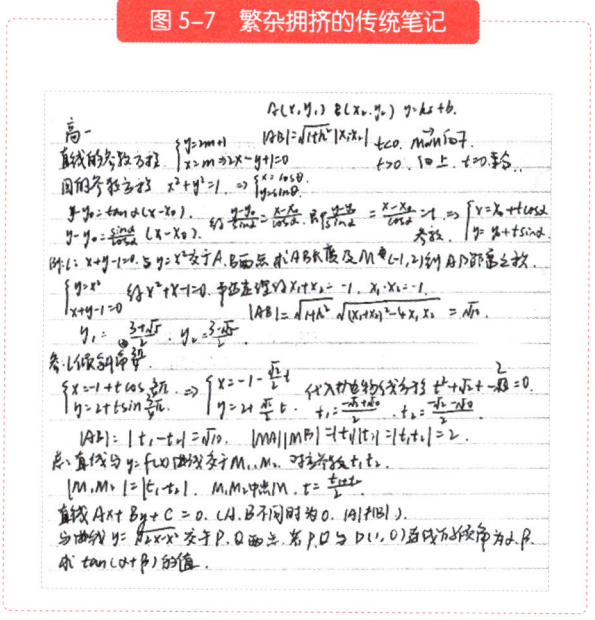

图 5-7 繁杂拥挤的传统笔记

由于抄得密密麻麻的一大片，学生大概率以后也不想再

复习了。即便再次看，因为字太多，视觉上一看就显得很拥挤，无法快速抓住重点，甚至很可能会越看越烦躁。（如图5-7所示）

而通过"图形笔记"的形式，把关键词提炼出来，不仅能大幅度减少抄写的字数，还锻炼了学生的框架式思维，增强将来复习的便利性。表格整理，便是其中一种非常实用的"图形笔记"形式。

以历史科目为例，把各项知识点整理成表格的形式，既简洁明了，也便于将来再次复习时快速抓住重点。如表5-1所示：

表 5-1 简洁明了的表格笔记

名称	产生时间	地域	备注
象形文字	公元前 3000 年左右	古埃及	用图形表示事物
楔形文字	公元前 3000 年左右	两河流域	苏美尔人创造
22 个字母	公元前 1300 年左右	地中海东岸	腓尼基人创造

名称	产生时间	地点	创始人
佛教	公元前 6 世纪	古印度	乔达摩·悉达多
基督教	公元 1 世纪	巴勒斯坦	耶稣
伊斯兰教	公元 7 世纪	阿拉伯半岛	穆罕默德

除了表格以外，还有另外一种效果极佳的"图形笔记"，叫作思维导图。

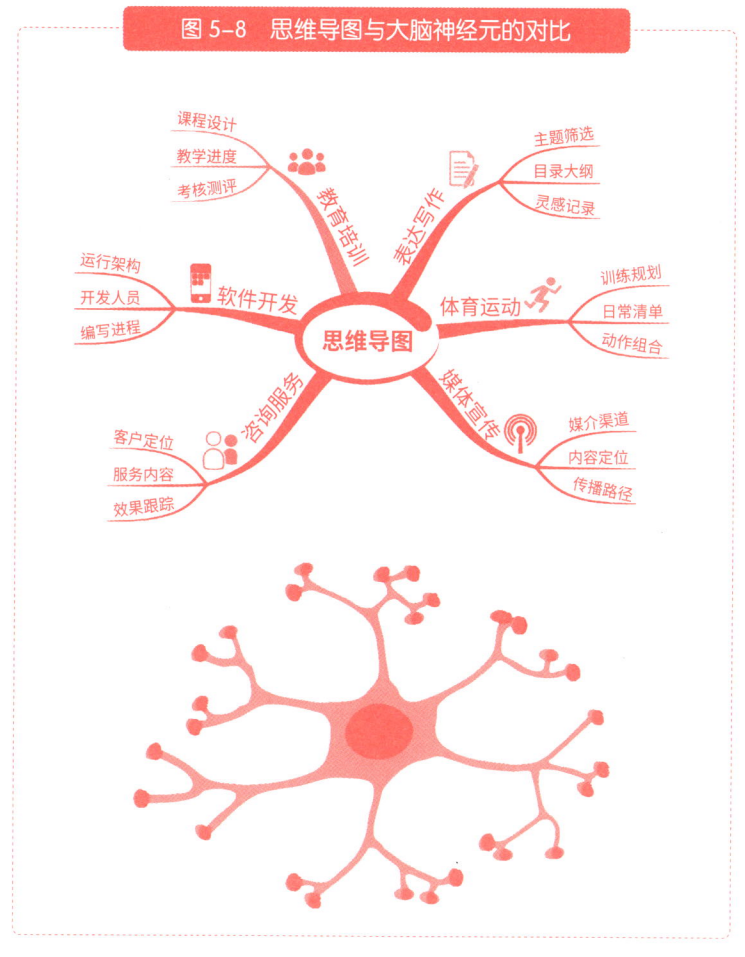

图 5-8　思维导图与大脑神经元的对比

思维导图是20世纪70年代，英国人东尼·博赞发明的一种用于学习和表达发散性思维的有效图形思维工具。这是一种图像式思维工具，它面世至今，全世界已有超过2.5亿的人在使用，其中的知名人士代表有比尔·盖茨、沃伦·巴菲特、李嘉诚、迈克尔·戴尔等。

思维导图的样子，与大脑神经元的结构非常相似，所以也被称为脑图、心智地图等。思维导图和大脑神经元的对比如图5-8所示。

思维导图的形式构造，非常适合用于提炼知识重点，打造框架式的"图形笔记"。比如：有些老师会在PPT上列举相关的经典例题，来引导学生进行思维拓展。

如果学生每次都把这些例题全文抄下来，耗时会很长，且不易区分出重点，将来复习时也需要再次耗费更多时间。我们拿一个数学应用题笔记的例子来说，如果把题目和解题思路一字不落地全抄下来（如图5-9所示），恐怕有很多学生的内心是不乐意的。

> **图 5-9　原题照抄**
>
> 小区的一个游泳池,有一大一小共 2 个排水口。游泳池装满水之后,如果单独打开大排水口,10 分钟可以把水排完。如果单独打开小排水口,则需要 15 分钟才可以把水排完。
>
> 请问:同时把 2 个排水口都打开的话,多长时间可以把装满水的游泳池里的水排完?
>
> 解题思路:
>
> 单开大排水口,每分钟可以排出 $\frac{1}{10}$ 的水;单开小排水口,每分钟可以排出 $\frac{1}{15}$ 的水;2 个排水口同时开的话,每分钟就可以排 $\frac{1}{10}+\frac{1}{15}=\frac{1}{6}$ 的水。所以,同时打开 2 个排水口,需要 6 分钟可以把水排完。

如果将原题中的关键信息提炼出来,用思维导图的方式呈现(如图 5-10 所示),就简洁许多了。

比较一下"原题照抄"和"思维导图"两种记录方式,很明显后者在视觉上更简洁,更方便记忆。

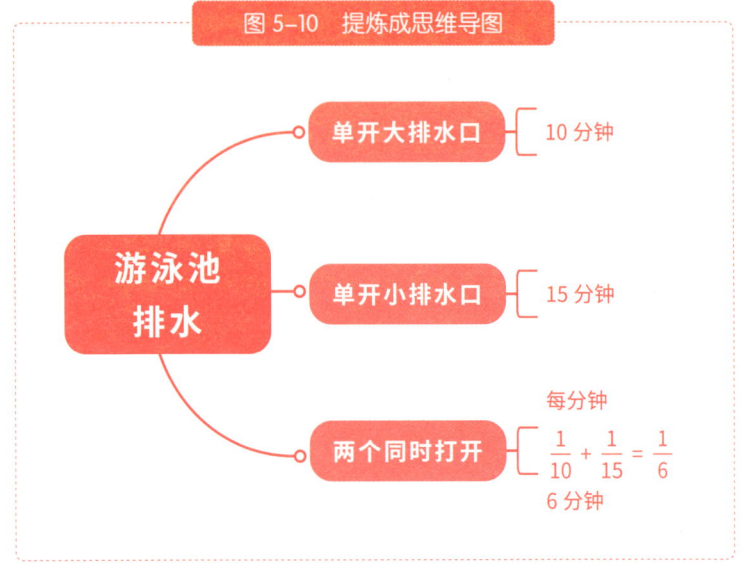

图 5-10 提炼成思维导图

而且运用思维导图来提炼例题的关键信息，将来再次复习时可以几乎不费劲，扫一眼便能抓住例题核心信息点。而要再次阅读原题全文，则要花费不少时间，才能理清解题思路，此举并不利于提高学习效率。

由此可见，运用"图形笔记"来记录老师的课堂板书，能取得事半功倍的效果。

很多学生因为听课效果不好，就会导致晚上做作业要花费比别人更多的时间。我接过的学员咨询案例当中，约有60%的学生，每天要坚持到晚上10点半以后，才能做完学校老师布置的作业。有15%左右的学生，甚至要熬到晚上12点以后，才能做完作业。

长此以往，学生会因为晚睡而导致睡眠时间不足。再加上如果学生本人的睡眠质量不佳，就会大大影响其第二天听课的精神状态，进而导致成绩得不到提升，因此陷入一种恶性循环。

为什么这些学生会在家庭作业上耗费那么长的时间呢？而且通常他们的成绩也并没有得到明显的提升。

在咨询诊断中，我发现原因通常是学生对当天课堂上所学的知识点记得不牢，同时对知识点的理解也不深刻，回家做作业的时候，对很多知识点已经淡忘，所以无法将各项知识点串联起来综合运用。遇到难题时，学生往往就会卡壳，耗费太多时间去思考。

接下来，就谈一谈通过什么办法可以解决这个问题。

5.3　模拟说课：家庭作业一看就会的秘诀

研究表明，对于刚学过的新知识，学生的遗忘速度会呈现"先快后慢"的现象。在刚学完的一瞬间，大脑还能记得 100% 的内容。但仅仅 20 分钟后，就会忘掉总量的 42%。而过了 9 个小时后（差不多半天的时间），就会忘掉总量的 64%。

换个角度来说，就是学生上午听课学到的内容，到了晚上回家的时候，就已经忘掉一大半，做作业时自然就会产生知识点的记忆空缺。知识点想不起来，自然就不会做。

所以，要学会抓住遗忘的规律，在刚学完的前 20 分钟，以及晚上放学回家做作业前，学生要及时进行巩固复习。让学过的知识保持较高的新鲜度，这样有利于提升作业完成的效率。

具体做法如下：

① 在课间休息的时间里，把在课堂上做的"图形笔记"，采取"模拟说课"的方式讲一遍。即想象自己是老师，正在给别人讲授笔记中的重点。

通过"模拟说课"的输出，能够激活大脑的神经元突触的生长，增强知识的记忆强度，有利于将来快速且精准地回忆出来。

② 晚上做作业前，再次采取"模拟说课"的方式把"图

形笔记"讲一遍。由于白天的课间时间已经及时复习过一遍，印象还比较深刻，晚上再复习一遍时，所花时间也会大幅度减少。

这两次"模拟说课"的时间点安排，恰好符合大脑遗忘最快的2个周期：20分钟和9个小时。及时进行复习，能够让所学知识的记忆留存率保持在90%以上。

当记忆留存率处于高位时，学生在做作业的过程中，会有一种"题目一看就会"的畅快感，花在思考上的时间也大大减少，作业完成速度加快，质量也能得到有效的提升。

我辅导过的不少学生，自从使用了"模拟说课"的方式及时进行复习、巩固知识，每天做作业的时间，从平均到晚上10点半左右才完成，提前至平均晚上9点半左右就能完成；有的学生效率更高，还可提前至8点半或9点左右就能高质量地完成作业。

第六章

用"多感官输入法"让学习效率倍增

人学习的过程，就是将外界的知识信息，通过视觉、听觉、触觉等身体感官，经过大脑神经元，传导到大脑神经中枢，然后经过对比和筛选之后，有选择性地存储下来的过程。

如果把学习中的感官运用，比作在城市中的江河两岸搭建桥梁，那么，桥梁越多，单位时间内承载的交通流量也越大。

当我们利用单一的感官学习时，就相当于封闭了大部分的城市桥梁，单位时间内的交通流量就下降了。如图6-1所示：

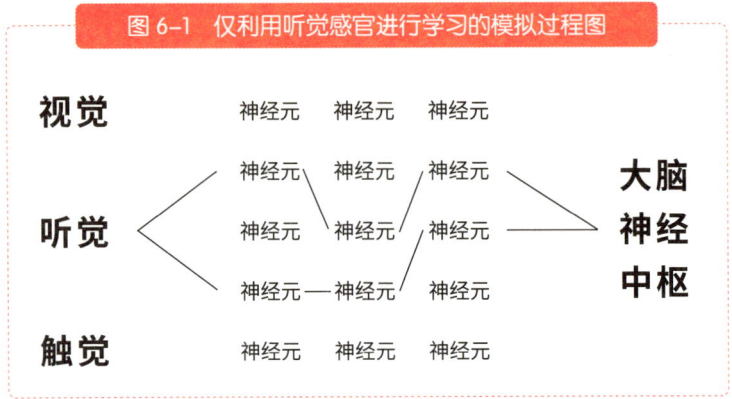

如果我们学会利用多种感官进行学习，就等于搭建了更多的大脑"桥梁"，会大大提高信息传导和记忆的活跃度。如图 6-2 所示：

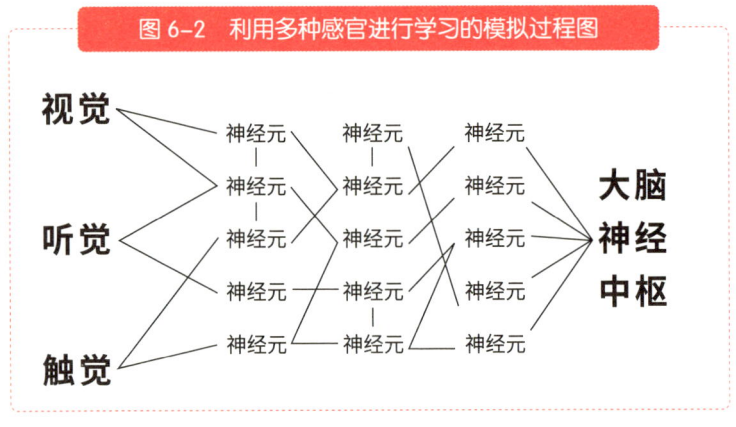

或许有人会问：大家都是一样有眼睛有耳朵，身体器官

都健全，但为什么彼此的学习效果却相差那么大呢？是不是因为我的记忆力太差了？

不是你天生记忆力差，而是你没用对方法。

很多学生会把学习成绩差归结于自己记忆力差，因此才老记不住老师上课讲的东西，这其实是一种误区。

我调查过一些成绩在班里排名中下的孩子，他们虽然表示自己记忆力差，但当他们谈论起自己喜欢的足球、篮球、游戏、漫画等话题时，马上就能对其中的相关知识如数家珍，娓娓道来。

我问他们："你是如何记住那么多足球明星或游戏通关秘诀的？"他们的答复是："因为喜欢，所以就容易记得住。"再进一步追问，他们还告诉我，他们会把明星或游戏通关秘诀等相关信息，记到小本子上，并整理成整齐的图表，有空就会拿出来跟朋友讨论。

这足以证明，很多人所说的自己记忆力差，无外乎有两大核心原因：

① 不喜欢。
② 没用对方法。

喜不喜欢某门科目，这是因人而异的，会受到学校的环境、孩子本人的兴趣以及家长的引导等因素的影响。而高效的记忆方法，却是有共同规律的。

6.1　什么形式的知识更容易入脑

我们先来做个小测试：请阅读下面的文字描述，你能理解这是什么东西吗？

> 它多是木质藤本，长约 1～2 米，茎呈棕色或紫红色，有 6 条纵纹，节部膨大，二回三出复叶，小叶狭卵形至披针形，全缘，脉纹不显。少数是宿根直立草本。复叶或单叶，常对生。花单生或为圆锥花序，萼片大，花瓣状。

请在此暂停，不要急着往下读，务必先逐字仔细读完以上描述，并在你的脑海中想象它到底是一个什么样的东西。

现在揭晓答案。

刚才那段文字所描述的植物叫"铁线莲"。哪怕已经告诉你答案，如果只展示文字，你可能很难理解它到底是什么东西。但如果增加一幅图片，你立即就一目了然（如图 6-3 所示）。

图 6-3 铁线莲

很显然,大脑处理图像信息的能力,要远远胜过处理文字信息的能力。

汉字的出现,已有 6000 年左右的历史,但相较于人脑 200 万年的进化史,可谓是弹指一挥间。所以,人脑现在仍保持着最原始的直观思维特质。我们只有学会如何将抽象的文字,转化成大脑能够接受的直观信息形式,才能够更好地阅读和理解文字。

据研究统计,外界传入大脑的各种信息类型当中,按照其可理解的容易度,排名如下:

① 图像信息。
② 声音信息。
③ 文字信息。
④ 数字信息。

举个例子，阅读《哈利·波特》的文字小说，和观看《哈利·波特》的电影，哪种方式能让你更容易回忆起当中的故事情节？相信大部分人会选择观看电影。因为人脑更容易理解和记住电影中的图像和声音信息，而不是小说中的文字信息。

一部精彩的小说，能让读者记忆犹新，通常也是因为读者在阅读的过程中，会在脑海中情不自禁地根据书中的文字，想象出对应的场景画面，这恰恰也符合大脑"更容易记住图像信息"的原理。

但很多课本上的知识概念相对比较抽象，不像小说故事里的描写那么生动。所以，学会将文字和数字，转化成大脑更容易接收的图像和声音，是破解"学习难"的必经之路。

6.2 如何将课本知识转成大脑喜欢的东西

我们先来做个测试：下面有 20 个词语（如表 6-1 所示），请你在 1 分钟内，按顺序全部记下来。

打开你的手机时钟，设好 1 分钟倒计时，开始记忆！

如果不出意外，大部分人通常只记得最前面及最后面的两三个词，中间大部分词就不太记得住，或者词语的顺序记得混乱。

表 6-1 请在1分钟内按顺序记住这 20 个词语

冰箱	字条	气球	蘑菇	花朵
瓶子	架子	手套	烤箱	饼干
厨师帽	蛋糕	牛奶	杯子	奶酪
食谱	鸡蛋	面粉袋	擀面杖	星星

同样是这 20 个词，当我把它们放在同一张场景图画中时（如图 6-4 所示），你再次用 1 分钟，按顺序全部记下来。

图 6-4 请在 1 分钟内按顺序记住这 20 个词语

1.冰箱 2.字条 3.气球 4.蘑菇 5.花朵 6.瓶子 7.架子 8.手套 9.烤箱 10.饼干 11.厨师帽 12.蛋糕 13.牛奶 14.杯子 15.奶酪 16.食谱 17.鸡蛋 18.面粉袋 19.擀面杖 20.星星

这次的记忆效果如何？是不是容易多了？

我曾经多次举过这个例子，来给学生和家长演示大脑记忆文字和图像的效果区别。结果显示，每当切换到用图像来记忆的时候，几乎现场每位参与者都感觉自己的记忆力瞬间得到大幅度提升。

用文字来记时，大部分参与者只能正确回忆出 5~7 个词。切换成用图像记忆时，接近 90% 的参与者都能正确回忆出 15 个词以上，其中约 30% 的参与者能够正确回忆出所有的 20 个词，甚至还可以倒背。

比较一下这两种记忆方式，哪种能给你更好的记忆效果（如图 6-5 所示）？

图 6-5　纯文字学习与图像式学习的效果对比

冰箱	字条	气球	蘑菇	花朵
瓶子	架子	手套	烤箱	饼干
厨师帽	蛋糕	牛奶	杯子	奶酪
食谱	鸡蛋	面粉袋	擀面杖	星星

纯文字学习 记忆留存率 25%~35%　VS　图像式学习 记忆留存率 75%~100%

通过这样一个非常简单的方法，将文字转换成图像，就能让许多人的记忆留存率，从原来的 25%~35%，瞬间提升至 75%~100%。这足以说明，我们在选择学习方法时，也要重视"投大脑所好"。接下来，我们以具体的学科知识，来举例演示"多感官输入法"的综合运用。

6.3　如何高效记住语文诗词

基础教育阶段，语文课程标准要求必背的诗词有 136 篇，这也是让众多学生苦恼的一项学习任务。如果学会了"多感官输入法"，背诵这些诗词，将会成为一次愉快的学习之旅。

我曾辅导过一位学员，以初中必背的一首诗《观沧海》为例，教会了他如何进行高效记忆。

> **观沧海**
> 曹操
>
> 东临碣石，以观沧海。
> 水何澹澹，山岛竦峙。
> 树木丛生，百草丰茂。
> 秋风萧瑟，洪波涌起。
> 日月之行，若出其中。
> 星汉灿烂，若出其里。
> 幸甚至哉，歌以咏志。

第一步：聆听录音

播放这首诗的课本朗读录音，不看文字，纯粹聆听。此时不求理解文中意思，只关注是否能听清每一个字的发音，即只关注"声音"的输入。

如果课本没有配套录音,可到网络上搜索相关的朗读音频。如仍难以找到,就用手机或 MP3 录制自己的朗读音频。

第二步:图像转化

阅读诗中的每一个句子,在理解句子意思的基础上,在脑海中想象出相应的画面。比如:读到"东临碣石,以观沧海",就想象曹操(或学生自己)正骑马立于碣石山上,两眼望着远处的沧海。如图 6-6 所示:

图 6-6 想象"东临碣石,以观沧海"的意境

读到"日月之行,若出其中",就想象一轮明月从远处的大海中徐徐升起。如图 6-7 所示:

图 6-7 想象"日月之行,若出其中"的意境

以此类推,每个单句都想象成一个画面后,再把每一个单独的画面连起来,变成一部在自己脑海中播放的短电影。

第三步:聆听录音+想象画面

再聆听一遍朗读音频,边听边在脑海中把刚才的短电影播放一遍。此时,就把听觉和视觉感官同时利用了起来,增加了文字信息在大脑神经元中的存储概率。

第四步:聆听录音+跟读

再聆听一遍朗读音频,同时以朗读速度比播放录音速度延迟半句的方式,跟读这首诗。

第五步：想象画面 + 文字回忆

不放录音，直接在脑海中按顺序播放短电影，然后张口说出对应的诗句。

经过这 5 个步骤，学生就成功地将《观沧海》这首诗的图像、声音、文字建立起了一个网络连接。因为大脑记忆图像和声音的能力，要远远胜过记忆纯文字的能力，所以，当学生需要回忆这首诗时，只要先回忆起画面或声音，就能轻松地想起对应的文字了。

这位学生表示，在参加我的辅导前，他通常需要 30 分钟左右，才能勉强背完类似于《观沧海》这类诗。而自从学会使用"多感官输入法"后，他一般只用 10 分钟就能背完一首诗词了，再辅以"间隔式复习"，记忆效果非常显著，语文成绩也快速地获得了提升。

6.4 如何高效记住数学公式或定理

大脑处理抽象逻辑等数字信息的能力，相较于处理各类信息的能力，是最差的。因此，数学科目中的公式或定理，会让很多同学感觉记起来非常困难。此时，如果学生学会把公式或定理转化成图像或声音，就能成功化解记忆难的问题了。

比如：三角形面积的计算方法是"底乘以高，除以2"，公式为：

$$S = \frac{1}{2}ah$$

如果学生纯粹以字母和数字的信息源来记忆，比较容易忘。假如加入图像信息，大脑就会有"眼前一亮"的感觉，能够激发出对图像信息的天然学习欲望，如图6-8所示：

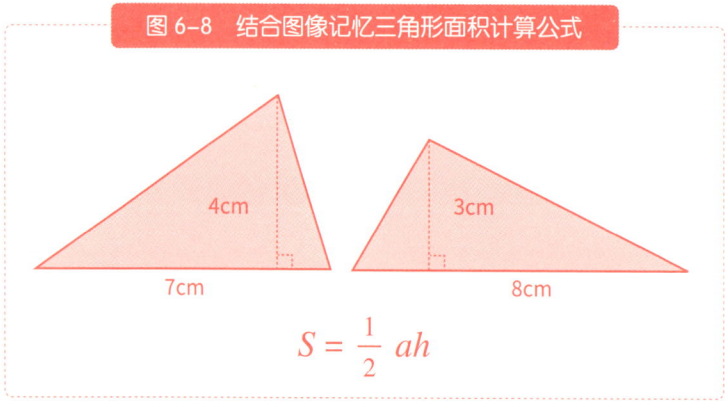

图 6-8 结合图像记忆三角形面积计算公式

再举另外一个例子，有些同学在学习与平行线相关的定理时，会死记硬背定理的文字概念：

① 在同一平面内，不相交的两条直线互相平行。
② 如果两条直线都与第三条直线平行，那么这两条直线也互相平行。
③ 同位角相等，两直线平行。
④ 内错角相等，两直线平行。
⑤ 同旁内角互补，两直线平行。

如此记忆必然会让大脑产生"畏难情绪"。而加入了图像画面之后，大脑就很容易接受了。如图6-9所示：

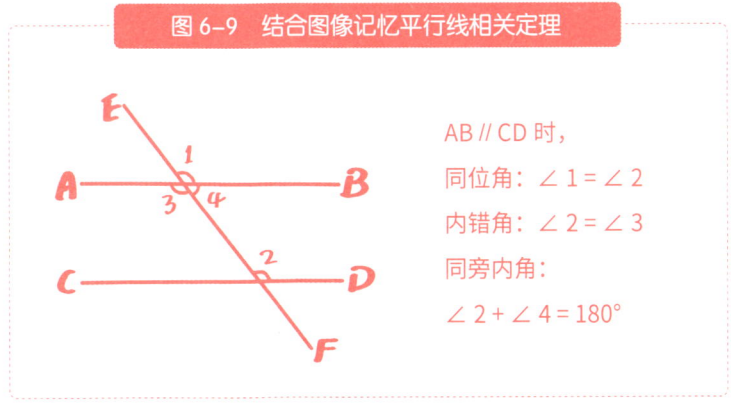

图6-9 结合图像记忆平行线相关定理

以此类推，对于很多数学定理都可以用举例的方式，把抽象的文字或数字，转化成更直观的图像画面。然后学生一边看着画面，一边用口头描述相应的概念，做到视觉和听觉的双重输入，就会理解得更深，也会记得更牢。

或许有人会问：如果遇到个别公式定理，一时半会儿不知道如何转化成图像怎么办？

我的建议是：不必一开始就追求完美。

有些公式定理可能比较复杂，在刚开始学习的时候，由于理解得不够透彻，所以暂时无法将文字转化成图像。此时，可以通过推导证明的方式，先深度理解这个公式，然后通过更多的应用题，来直接理解该公式的应用方式。

俗话说：熟能生巧。当对一个公式定理能够达到熟练运用的时候，画面感就自然而然地会出现了。

对于任何陌生的知识点，学生都不可能一开始就做到完全熟悉运用。我们说的提高学习效率，也要放在发展的过程中来看待。一开始做不到100%的提高，但有10%的机会能提高，也值得去尝试。

这就好比工厂车间要学习新的生产技术，即使不能马上将产量提高100%，但只要能先提高10%，就值得去学习和实践这项新技术。在普通人眼里，10%看似不高，而在长期主义者眼里，10%也是一个非常可观的数字，日积月累，就一定能实现从量变到质变。

6.5　如何高效记住英语单词

当你看到"水果"这两个字的时候,你第一时间想到的是什么?

有的人想到了苹果,有的人想到了香蕉,也有的人想到了葡萄。所以,同样一个概念,不同人的大脑,解读出来的具体形象也是不一样的。

但绝大部分人用普通话念出"shuǐ guǒ"时,发音基本是一致的(排除方言口音的影响)。

孩子出生以后,在习得母语的过程中,首先接触的是声音,而不是文义。

比如:一个3个月大的孩子,张大眼睛躺在床上,孩子的父母在旁边聊天。丈夫对妻子说:"你吃苹果吗?"这个时候,孩子并不知道苹果是什么意思,但他听到了"苹果"的发音。

后来,孩子长到7个月大的时候,有一天妈妈拿着一个苹果,在孩子面前晃了晃,问道:"宝贝,吃苹果吗?"这是孩子第一次看见苹果,大脑会迅速定位之前反复听到过的发音,把"píng guǒ"跟眼前这颗红红的、圆圆的东西建立起连接,于是,孩子就开始慢慢领会"苹果"的意思。

所以,学习一门外语的时候,比如:在背单词时,为了对大脑"投其所好",学生得先把这个单词的意思转化成可视化的形象,并与其发音建立起连接。请看一个例子(如图

6-10 所示）：

> **图 6-10　结合图像记忆单词 apple**
>
> 你在学习 apple 这个单词的时候，可以先在脑海中想象出🍎的样子，并反复朗读 apple，apple 。这样，你就可以在大脑中将 apple 与其图像建立起连接。将来你一听到 apple，就能迅速想起🍎，或者是看到🍎，就能想起这是 apple 。

不必担心自己找不到英文所对应的图像，大部分人的大脑中早就存储了大量图像信息，现在只不过是要将它们与英文建立起联系而已（如图 6-11 所示）。这个把文字转化成图像的过程，就叫作"形象联想法"。

图 6-11　尽量通过图像来理解单词

apple ≠ 苹果　　apple =

同理，对于更多的英语单词，比如 banana、dog 等，都可以进行形象联想转化，如图 6-12 所示：

图 6-12 结合图像记忆 banana 和 dog

对于英语语法和句型,也可以通过"形象联想法",来增加学生理解和记忆的效果。比如:在学习 there be 句型时,可以将对应的例句,配合场景图片来复习,如图 6-13 所示:

图 6-13 结合图像记忆 there be 句型

运用"形象联想法"来学习英语,不仅可以帮助学生养成直接英语思维的习惯,还可以让他们更容易记住所学的内容,将来在运用的时候,也能够更快速地回忆起来。

随着科技的发展,越来越多的学校在课堂教学中,都用上了智能设备,通过视频动画、音频音效等多媒体形式的呈现，学生听课时不仅能够更直观地理解老师讲解的内容，而且也感觉自己当堂课就能记住相关的知识点。

但为什么过不了几天，当老师再问起相同的知识点时，很多学生却会感觉几乎都忘光了呢？

第七章

重复,是解决遗忘的最重要环节

经过百万年的进化,遗忘已经发展成人脑自我保护的一种本能。无论我们学过多少厉害的方法,都无法100%解决大脑遗忘的现状。

但是那些拥有"过目不忘"能力的人,比如超忆症患者,却会因为自己"好得受不了"的记忆力而倍感痛苦。这样看来,要想提高学习效果,我们需要的不是"过目不忘",而是高效的"选择性记忆"。

事实上,那些通过后天努力训练,锻炼出超越普通记忆能力的"记忆大师"们,也并非真正的"过目不忘",他们如果不复习,遗忘的速度也不亚于普通人。

7.1 真相：记忆大师跟普通人一样会忘得快

或许你也曾到现场或在网络视频中看过某些记忆大师的表演：1分钟记住20个不相关的词语，1分钟记住一连串没有规律的数字，1分钟记住一副被打乱的扑克牌……如此震撼的效果，常会让现场观众惊叹："好厉害呀！"

然后很多人就会忍不住想报记忆大师的培训课，让自己也成为"过目不忘"的神人。因为很多人认为，这种"过目不忘"的能力，能帮助自己快速改变成绩落后的局面，学得又快又轻松。

当你报名并开始正式训练后，你会发现，你在训练营当中确实能在短短10分钟内，就背完圆周率的100位数字。但训练营结束后不到一个星期，你就忘得差不多了。

这是我从一些参加过记忆力训练营课程的学生口中听到的真实故事：训练营结束的1个月，大多数人就只能勉强记得圆周率小数点后的10位数了。问其原因，学生们表示，因为记圆周率对他们的日常学习并没有什么帮助，平时并不会刻意去复习，慢慢也就淡忘了。

我还问过一位专门做记忆培训的朋友，用他的方法，真的可以做到终身"过目不忘"吗？他的答复是：当然可以。

我又问，是记一次就可以终身不忘吗？他的答复是：这不可能，必须得复习，不复习的话，记忆大师记得快，也可能忘得比你还快。

由此可见,"过目不忘"这件事,确实有一定的可能性,但通常仅限于在短时间内的"过目不忘",比如:1个小时内或1~2天内。如果把时间线拉长,比如拉长到1~2个月,甚至1年以上,如果没有及时复习,哪怕是记忆大师,遗忘的速度跟普通人也没有多大区别。

如果学生的短期记忆不好,学点快速记忆的技巧还是有帮助的。但如果想长期记住大量的知识点,有效提高考试成绩,最管用的方法还是进行复习。

众多科学家、企业家、政治家等各行业的知名人士,他们的成功秘诀,也并不是因为学习了多么厉害的记忆术,他们积累知识的真正秘诀,其实就是学以致用,温故而知新。

那么,同样是进行了复习,为什么有些学生的成绩就提升得很快,有些学生还是止步不前呢?接下来我们就来谈谈不同复习模式下,记忆效果有什么不同。

大部分学生都明白"复习很重要"的道理,但并不是所有人都清楚如何复习,效率才会高。

大多数学生通常采用的方式,叫作"集中式复习"。比如:老师明天要听写最近3天学过的20个单词,学生在今晚睡觉前,集中读10遍这些单词(或每个单词抄3遍),然后第二天再读2遍,通常听写的结果都不会太差。

7.2 传统集中式复习的优点和缺点

对于少量的知识内容，如果检验的时间周期比较短（1~2天内），那么使用短期内大量复习的"集中式复习"，效果尚可。但如果复习的内容比较多，"集中式复习"的效果就难以维持了。

比如：有些学生在期末考试前一个星期，突击背诵整个学期所学的几百个单词时，记忆效果会很差。尤其是此时还有多个科目的内容需要同时复习，记忆干扰就更严重了。

为了深入了解这种记忆干扰的现象，我们来认识一位记忆心理领域的大师。

135年前，德国有一位心理学家，叫赫尔曼·艾宾浩斯。他出版了一本书《关于记忆》，在书中阐述了他在记忆方面的观察与研究。

艾宾浩斯通过实验发现，人在学习某些知识之后，是会遗忘的，但遗忘的速度是不一样的。刚学完的时候，会忘得特别快，随着日子的推移，遗忘速度会慢慢降下来。

他统计了几个重要的遗忘速度变化时间点：

刚记忆完：记得100%

20分钟后：只记得58.2%

1小时后：只记得44.2%

8~9小时后：只记得35.8%

1 天后：只记得 33.7%

2 天后：只记得 27.8%

6 天后：只记得 25.4%

31 天后：只记得 21.1%

根据研究，艾宾浩斯还绘制出一条著名的曲线，叫作"艾宾浩斯遗忘曲线"。这条神奇的曲线，风靡全球记忆心理学界至今。几乎所有记忆大师，都会向你推荐运用这条曲线原理，来设计自己的复习规划。如图 7-1 所示：

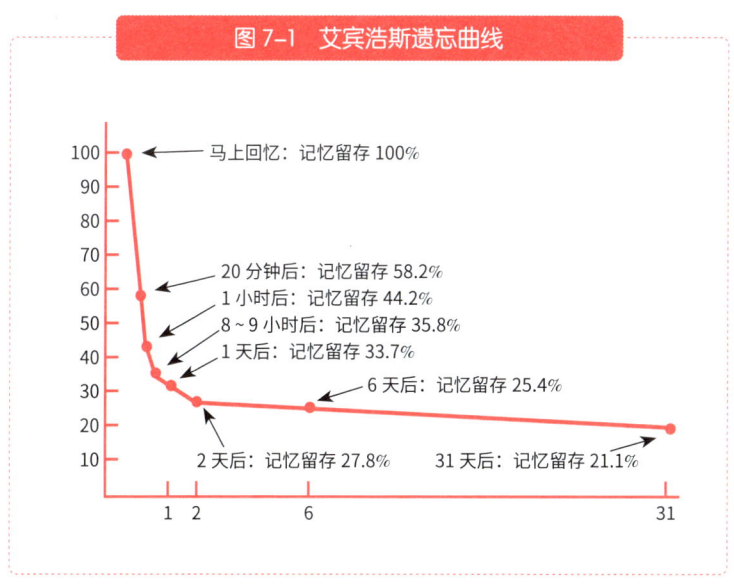

参照这条遗忘曲线，你在刚学完的 2 天内，会忘得特别

快，通常会忘掉超过 2/3 的内容。比如：如果你今天背了 100 个单词，2 天后你可能就只记得 27 个了。而 2 天后，遗忘的速度会变缓。1 个月后，你可能还能记得 21 个，跟前 2 天的 27 个差不多。

既然人脑的遗忘速度是先快后慢，那你的复习安排，也要遵循先紧后松的模式。刚学完后的 2 天内，要加紧复习几遍，加深印象，而不是等到 2 个月后，要考试了才突击复习。如果你到考前才突击复习，这时学过的知识都已经差不多忘光了，几乎等于要重新学，压力难免会非常大。

鉴于大脑的遗忘速度"先快后慢"的规律，艾宾浩斯和之后的更多记忆研究者，就开发了一种新的复习模式，即"间隔式复习"。

7.3　间隔式复习与集中式复习的效率对比

与到了考前才复习的"集中式复习"相比,"间隔式复习"并不在意什么时候考试,而是根据大脑遗忘的速度变化,来确定具体的复习时间点。

为了研究不同复习方式的记忆效果,我曾经做过一个实验:

我挑了 30 个单词,在不同的两个班,安排学生进行背诵。A 班采取的是集中式复习,B 班采取的是间隔式复习。每次复习采用回忆式朗读的方式进行(即看一眼单词,然后抬头不看单词,把单词朗读出来)。两个班的复习安排频率如下(如表 7-1 所示):

表 7-1　集中式复习与间隔式复习的频率对比

	第一天	第二天	第六天	第十四天	第三十天	合计
A 班	朗读 10 遍	—	—	—	—	朗读 10 遍
B 班	朗读 3 遍	朗读 2 遍	朗读 1 遍	朗读 1 遍	朗读 1 遍	朗读 8 遍

实验周期持续了一个月,然后我对两个班的学生都进行了听写,结果显示:

采用集中式复习的 A 班,有 80% 以上的单词都已经忘记了，相当于每背10个单词，一个月后就只记得1~2个。

而采用间隔式复习的B班，记忆的保持率高达93%~100%，也就是说，几乎都能记住。

但是B班总共累计朗读了8遍，A班则朗读了10遍。A班用时比B班多，但记忆效果却远远比不上B班。

由此可见，这种根据大脑遗忘速度变化，每间隔一段时间后再巩固的"间隔式复习"，同集中在同一时间段进行多次重复的"集中式复习"相比，前者更能帮助学生保持长久的记忆。

对于希望长期保持成绩领先的学生来说，他们需要关注的，不是今天上课记住了什么内容，而是一个月后、一年后、两年后、三年后仍然记得这些内容。只有这样，学过的知识才会成为他们随时随地可以运用的技能，而不是学完就忘、下次考试让人难以回忆起来的东西。

7.4 如何用间隔式复习记住大量知识点

参加过烧烤聚会的朋友都知道,当炭火还很旺的时候,你不需要扇风,也不需要再加炭。如果此时盲目加过多的炭,火势反而会被盖下来。只有在火势已经减弱到一定程度时,你才需要适当地加炭,然后扇扇风来助长火势。

大脑的记忆就有点像烧烤的炭火,当记忆还非常清晰的时候,过度的学习不但无法有效延长记忆保存的周期,反而会让你因为学习压力过大而感到厌倦。当记忆开始衰减但还没有完全忘记的时候,你就应该及时复习巩固,把记忆的保存时间继续延长。

但如果你过长时间没有复习,所学内容已经忘记,你就得从头再来,就白白浪费掉了原来花费的学习时间。这相当于在炭火已经完全熄灭后才加炭扇风,就已经为时过晚,你只能再花时间重新点火了。

如果把复习比作在攀登台阶,复习得及时,你就可以一级一级不断往上走;如果复习不及时,等忘记了再来,就相当于退回到第一级台阶重新开始,白白浪费了之前已经付出的努力。

根据艾宾浩斯的遗忘曲线,我提取出了如下几个比较重要的复习时间点:

第一次复习：20 分钟后

第二次复习：1 小时后

第三次复习：8 小时后

第四次复习：1 天后

第五次复习：2 天后

第六次复习：6 天后

第七次复习：31 天后

为了便于操作，在实际应用中，我简化掉了分钟和小时周期的时间点，只执行以天数为单位的复习时间点。

根据这个规律，我制订出了一份间隔式复习时间点计划表，如表 7-2 所示：

表 7-2　间隔式复习计划表（空栏）

学习内容	学习/复习日期					
	第一天	第二天	第六天	第十四天	第三十天	第六十天

以我曾经辅导过的一位学生为例，我们来看一下，如何运用这份复习计划表，来提升背诵英语课文的记忆效果。

① 给背诵内容分组

把需要背诵的英语课文，分成若干组（以下为便于理解，分为 10 组进行举例说明），每组的内容量控制在 10～15 分钟可以背诵完。

② 填写复习规划表

把各组内容需要复习的时间点，填写到相应的表格内。（如表 7-3 所示）

做好学习计划表后，学生只要每天查看一下，就明白当天需要复习哪些内容了。例如，在 9 月 6 日那一天，他需要复习的是第一、五、六组。

事实上，对于每一组的内容，学员只有在进行第一天复习的时候，花费的时间比较多，因为第一次背诵时，面对的是比较陌生的内容。而到了第二次、第三次复习时，面对的是已经有印象的内容，需要花费的时间会相应减少。随着表格日期向后推移，学生对所学内容的印象会越来越深刻，每次复习所需的时间也会越来越少，而且记忆留存的周期也越来越长。

表 7-3　间隔式复习计划表（范例）

学习内容	学习/复习日期					
	第一天	第二天	第六天	第十四天	第三十天	第六十天
第一组	9月1日	9月2日	9月6日	9月14日	9月30日	10月30日
第二组	9月2日	9月3日	9月7日	9月15日	10月1日	11月1日
第三组	9月3日	9月4日	9月8日	9月16日	10月2日	11月2日
第四组	9月4日	9月5日	9月9日	9月17日	10月3日	11月3日
第五组	9月5日	9月6日	9月10日	9月18日	10月4日	11月4日
第六组	9月6日	9月7日	9月11日	9月19日	10月5日	11月5日
第七组	9月7日	9月8日	9月12日	9月20日	10月6日	11月6日
第八组	9月8日	9月9日	9月13日	9月21日	10月7日	11月7日
第九组	9月9日	9月10日	9月14日	9月22日	10月8日	11月8日
第十组	9月10日	9月11日	9月15日	9月23日	10月9日	11月9日

比如：他在背第一组内容时，第一次复习需要花15分钟，第二、第三次复习同一组内容时，只需要5分钟就能完成。继续复习第四、第五次时，又进一步缩减到只用2～3分钟就可以完成了。

在实际的操作中，学生可以参考上面的表格，继续增加更多的学习内容（如第十一组、第十二组……），还可以将复习的间隔时间点继续往后延伸（至第一百二十天、第二百四十天、第四百八十天……）。

长期坚持使用"间隔式复习法",将给学生带来两大好处:

好处一:将大量需要记忆的内容,分散在不同的时间段来完成,孩子在每一时间段只要集中精力完成一小部分即可,这样就避免了集中式复习所带来的短期学习量剧增的学习压力。

好处二:有效利用了大脑的遗忘规律,帮助孩子找到最佳的复习时间点,在大脑快要忘记但还没忘记的时候,及时巩固复习,有效记忆已经过的内容,大幅度延长了所学知识在大脑中的留存周期。

不仅是英语科目,这份间隔式复习时间规划表,我也运用于辅导学生进行语文、数学等其他科目的基础知识背诵记忆,效果也非常显著。

第八章

养成习惯是孩子主动学习的稳定器

我们生活中的点点滴滴，都会受到习惯的影响，习惯也让我们在不知不觉中做着同样的事情，抱着同样的念头，得到同样的结果。对下面的这些场景，你是不是很熟悉？

下楼拿快递，随手都会把钥匙塞到同一边的口袋。

逛超市时，基本都按照固定的路线走动。

孩子回到家，第一声是先喊爸还是先喊妈，是不是通常都一样？

双手手指交叉握在一起时，是不是每次都是右手大拇指或左手大拇指在最上面？换另一边的大拇指在上面时，就会有一种别扭的感觉。

幸运的是，习惯并非一成不变，只要方法得当，我们可以通过养成新的习惯，以替代不想要的旧习惯。对于孩子的学习与提分，也可以靠此方法来解决。

8.1　短期提分靠兴趣，长期提分靠习惯

孩子看到一本图文并茂的书，感觉挺有趣。或者学生听一堂课，老师讲得声情并茂，自己就感觉兴趣盎然，因此就愿意认真学习这门科目。

然而，兴趣在短期内确实能让成绩得到提升，但过不了多久，孩子的兴趣就会慢慢地减弱。最后家长会发现，如果不去催促，孩子就变得能拖就拖，成绩也逐渐止步不前，甚至不进反退了。

打个比方，你每天都会刷牙洗澡，是因为你特别喜欢刷牙洗澡吗？还是因为你已经养成了刷牙洗澡的习惯，如果不刷牙不洗澡就去上床睡觉，你就会有"受不了"的感觉？

要想让孩子长期稳定地提分，就要想办法让他养成固定的学习习惯。根据我长期的辅导经验，我总结出了以下五大核心提分环节（如图8-1所示）：预习、听课、作业、复习、考试。

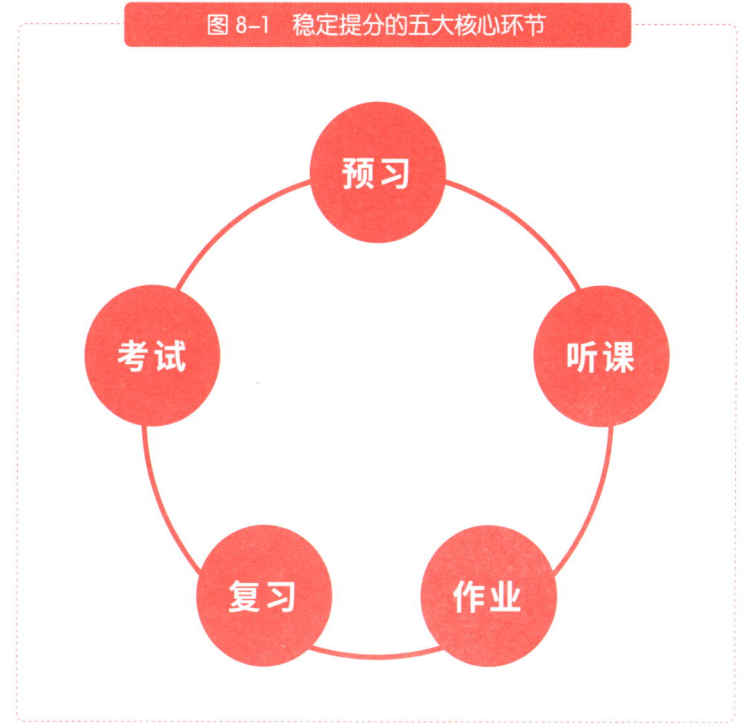

图 8-1 稳定提分的五大核心环节

① 预习：这是进行知识输入的启动开关。因为大脑很难学会新知识，只有将新知识与旧知识进行联系对比，大脑才更容易理解和吸收。预习，能够把旧知识与新知识联系起来，形成一个网络，用"已知"来带动"未知"。

② 听课：这是提分的重中之重，是占据学生每天时间最多的板块。提高听课效率，能为提分奠定最坚实的基础。本书就着重介绍了如何提高孩子听课效果的策略方法。

③ 作业：作业是对听课效果的及时检验。认真做作业，

并不是为了能够把作业交上去，避免被教师批评；而是为了更好地消化自己学过的知识，做到学有所思，思有所得。更多相关策略方法，我将在本系列丛书的第二本《轻松作业篇》中重点介绍。

④ 复习：人脑的特性，就是会遗忘。好的复习方式，能让学生在将忘而未忘的黄金时间点及时巩固所学知识。本书第七章中，就介绍了一个效果极好的方法：间隔式复习。

⑤ 考试：考考考，学生的命根。但真正能够长期保持成绩名列前茅的尖子生，秉承的理念是"重视过程，看淡结果"，他们不会太在意短期的分数，而会着重培养良好的长期学习习惯。更多的方法技巧，我将在本系列丛书的第三本《减压应试篇》中与你分享。

预习、听课、作业、复习和考试这五大环节，看似彼此独立，其实相辅相成，要把它们综合起来运用，才能发挥出最佳的提分效果。这里就有必要谈到如何让学习"上瘾"的导向了。

8.2 孩子会对游戏上瘾，学习也可以

大多数网络游戏的背后，都有一套强大的心理系统在发挥作用。

大多数家长都不愿意看到自己的孩子过度沉迷于网络游戏，但有些家长的做法，如不管不问、过度唠叨、打骂、强制没收手机等，不仅不管用，反而会把孩子推向游戏上瘾的方向。

不少家长在与孩子的抗争中，很容易败下阵来（或者是两败俱伤），通常是因为家长采用了不符合人性心理特征的沟通方式。这就好比不按照规定来驾驶车辆，自然很容易会发生交通事故。

要想解决这个问题，就必须想办法激发孩子的内在学习动力。说白了，就是要帮助孩子在两个方面着力：

① 找对方向。
② 培养习惯。

很多孩子的某门功课成绩不好，有可能是因为不喜欢教那门课的老师。同时我们也发现，有些孩子也可能因为不喜欢某位老师，偏偏就要把那门功课学好，以证明老师的偏见是错误的。

很多家长一心想把自己的孩子培养成全面发展的完美人

才，最终却事与愿违，孩子反而变得越来越不爱学习，小时候聪明伶俐，现在却变得懒惰贪玩。

事实上，每个人的精力都是有限的，比起"全面发展"，大多数孩子更适合走"单点突破"道路，即先培养把一件事做到极致的能力。

把一件事情做到极致，胜过你把 10 件事做得平庸。在同等条件下，集中资源先深挖一口井，会比同时挖 10 口井更快喝到甘甜的水。

都说想让孩子爱上学习，但如果家长给孩子同时报七八个培训班，孩子又如何能在最短时间内养成习惯，爱上学习呢？

那么，如何选择最有利于孩子未来发展的路线？我常常会给家长分享一个最简单的做法：

画 3 个圆圈，在里面分别写下你家孩子喜欢的、孩子擅长的、市场里能盈利的，最终这三者的交会处，就是你孩子的主攻方向。（如图 8-2 所示）

培养孩子是一个长期行为，整个过程中家长还需要不断根据实际做细节方面的调整。但依据孩子的天性制定大方向策略，能让家长节省大量不必要的试错成本，孩子也能更快爱上学习。

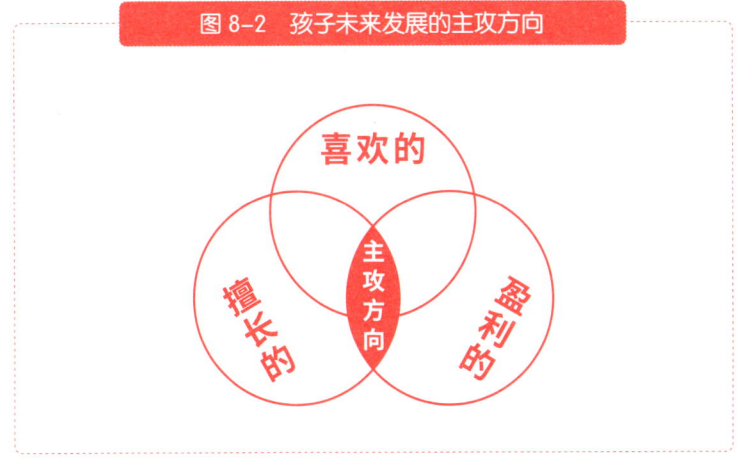

图 8-2 孩子未来发展的主攻方向

以大多数流行的网络游戏为例,它们通常都有以下共同的特征:

① 入门简单,容易上手。
② 即时反馈,形式多样。
③ 运用竞争与排名机制。
④ 设置环环相扣的小目标。
⑤ 拥有无限次的试错机会。
⑥ 团队协作互助的设计,多途径通关的机会。

游戏上瘾,与学习上瘾,其背后的基本原理是相通的。家长每多了解一分游戏背后的原理,就多一分对孩子的理解,就不会因为孩子沉迷游戏而盲目地与孩子发生冲突。

家长和老师不妨也借鉴游戏设计的原理，为孩子营造出充满激励性的氛围，让孩子有机会体验到，学习和生活本身比虚拟的网络游戏好玩多了。

在现实操作中，很多人了解到有一个培养习惯的"21天法则"，即一个人要想养成一项新习惯，通常需要21天。所以，很多家长通过给孩子报名参加各类"21天打卡"课程活动，希望孩子由此能养成好的学习习惯，但往往收效甚微，很多孩子21天后一如从前。

8.3 朋友圈打卡 21 天，孩子学习为何还是拖拉

自律，是反人性的。所以，坚持学习，尤其是在一开始时，需要极强的意志力。一旦形成习惯之后，学习就会变得毫不费力。家长们重视孩子的习惯养成，也是希望孩子养成学习的习惯之后，可以更放心孩子的学习。

我常常看到，有不少家长为孩子的某项学习，不断地在微信朋友圈进行 21 天打卡。完了之后过不了几天，家长又发朋友圈吐槽孩子学习还是不主动，还是要家长反复催。广为流传的"21 天就能养成一个习惯"，为什么常常就无效呢？

研究数据表明，养成一个长期稳定的行为习惯（比如：运动健身、早睡早起、学习英语等），平均需要 90～180 天，而不是大众所熟知的 21 天。其中会经历 4 个阶段：试错启动期、对错反复期、稳定发展期和习惯巩固期。（如图 8-3 所示）

80% 的家长，在"试错启动期"因为孩子没有马上达到自己的理想要求，就已经放弃了。

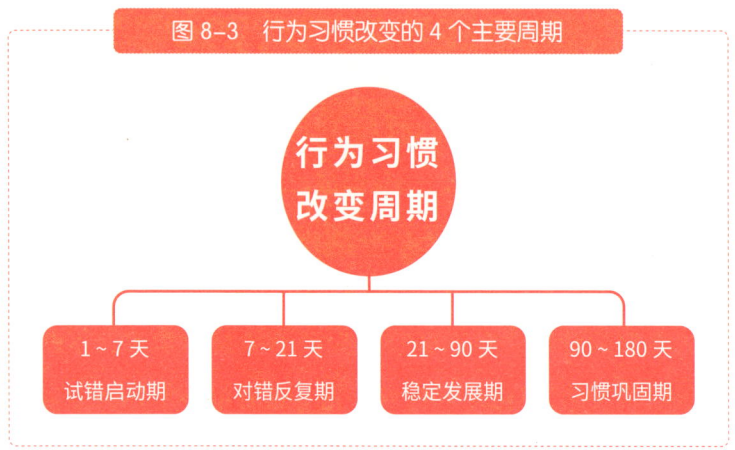

图8-3 行为习惯改变的4个主要周期

比如:某位常常批评孩子的家长听了一堂关于亲子沟通的讲座,很受触动。回去后,就用学到的方法来鼓励孩子,结果孩子回应说:"妈,你这样说是不是有点假呀?"

家长很沮丧,以后逢人便说:"这些方法我都试过了,没用!"

家长平时都批评孩子批评习惯了,突然转变了画风,又怎么能指望孩子马上相信你呢?

所以,你要先执行够7天,再来评判这个方法是否有效。如果家长才试了一次就放弃,也别怪孩子有样学样,变得缺乏毅力了。

还有15%的家长,虽然通过了"对错反复期"的考验,却误以为已经够21天了,就不用继续监督了。结果前期好不容易积累的势能,就消失殆尽,重新被打回原形了。

只有大约 5% 的家长，成功突破了"稳定发展期"和"习惯巩固期"，帮助孩子真正建立起了长期的习惯，即使不用催促，孩子也会自发地去做，就像孩子已经养成的睡前洗澡刷牙的习惯那样。

如果因为孩子某一次或某几次没有表现得太理想，家长就放弃了原来的督促原则，那孩子就会回到原来的样子，将来又得重走这 4 个周期流程。如果你能引导孩子坚持到"习惯巩固期"，就有望看到孩子不用催促也能有自动自发执行学习任务的表现。

总而言之，要想让孩子养成高效的学习习惯，你首先要相信"相信"的力量。

减负不减分

青少年高效学习指南

快马 ◎ 著

轻松作业篇

北京出版集团
北京出版社

图书在版编目（CIP）数据

减负不减分：青少年高效学习指南. 轻松作业篇 / 快马著. — 北京：北京出版社，2022.2
ISBN 978-7-200-16364-3

Ⅰ. ①减… Ⅱ. ①快… Ⅲ. ①学习方法—青少年读物 Ⅳ. ① G791-49

中国版本图书馆 CIP 数据核字（2022）第 012565 号

减负不减分
青少年高效学习指南·轻松作业篇
JIANFU BU JIANFEN

快马 著

出　　版	北京出版集团
	北京出版社
地　　址	北京北三环中路 6 号
邮　　编	100120
网　　址	www.bph.com.cn
总 发 行	北京出版集团
经　　销	新华书店
印　　刷	三河市嘉科万达彩色印刷有限公司
开　　本	880 毫米 ×1230 毫米　32 开本
印　　张	4.25
字　　数	81 千字
版 印 次	2022 年 2 月第 1 版　2022 年 2 月第 1 次印刷
书　　号	ISBN 978-7-200-16364-3
定　　价	99.80 元（全 3 册）

质量监督电话 010-58572697　58572393
如有印装质量问题，由本社负责调换

前　言

1个月成绩暴涨80分，意料之外，情理之中

晚上7时许，我正坐在电脑前准备暑期新班的开课资料，电脑屏幕右下角的微信图标突然闪动起来，我点开一看，是一位学员的妈妈给我发来了信息（如图0-1所示）：

图0-1　家长留言报喜

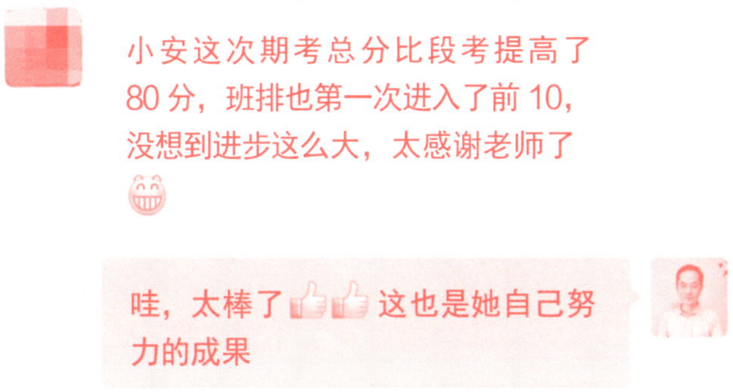

小安这次期考总分比段考提高了80分，班排也第一次进入了前10，没想到进步这么大，太感谢老师了😁

哇，太棒了👍👍 这也是她自己努力的成果

小安当时正上初一,她妈妈是通过朋友的介绍找到我的。

小安在整个小学期间,成绩都很不错,大大小小的考试测验中,语文、数学、英语这3门主要科目的成绩,很少有低于95分的,而且差不多有一半的考试能拿到99分或100分(每科的满分为100分)。哪怕偶尔状态不佳,发挥失常,考了80多分,但下次调整好状态,很快又能重回95分以上。

但自从小学毕业升上初中以后,情况发生了变化。无论是月考,还是期中考、期末考,小安的成绩在此期间一路下滑,语数英3门科目都掉到了90分以下(初中每科的满分为120分)。道德与法治、历史、地理、生物等其他科目(每科的满分不一,居于60~100分之间),也都只能拿到70%左右的分数,有时甚至只能拿到60%左右的分数。

看到这样的状况,小安妈妈自然十分着急,赶忙给孩子报了语数英的补习班,不辞辛苦地接送孩子上下课。补了一个多学期,小安的成绩还是没有什么变化。小学时曾经那么优秀,初中加倍努力之后,成绩却得不到改善,小安开始怀疑自己的能力,并出现了厌学情绪。

有时小安妈妈推开小安的房门,看到孩子没在做作业,而是在看漫画书或玩别的东西,就会提高音量催促几句:"你得赶紧做作业,不然你的成绩怎么上得去呀?"催促多了之后,小安也开始变得不耐烦,不时会把妈妈的话顶回去:"好了好了,我知道了,你不用管我,我自己会安排的。"

小安妈妈也看过一些关于家庭教育的书籍,因此判断小安进入了"叛逆期",于是变得小心翼翼,生怕一下子把孩子逼急了,小安做出什么极端的行为。毕竟,新闻上那些孩子因为学习压力大而自残的报道,并不少见。

但无奈孩子的成绩老是上不去,小安妈妈也是倍感焦虑。我们在见面之前,先在微信上做了沟通,小安妈妈就曾表示她因为孩子的学习问题,身体也变差了,最近不得不去看中医调理身体。

我特别理解小安妈妈当时的感受。天下父母,很少有不为孩子的学习而操碎了心的,尤其是看到孩子成绩不理想,却不知道该如何有效解决时,这种感觉就像是你后背刚被蚊子叮咬完,但臂膀昨天刚不小心扭伤,此时你很想把手弯到后背抓抓痒,但臂膀却痛得厉害。这种要么痒要么痛的状况,着实令人难受。

小安妈妈当时就处于这样的两难状况:不催促的话,孩子的成绩还要往下滑;催促多了,又怕破坏亲子关系,让孩子更厌学。在沟通的过程中,小安妈妈就表示:"不提学习的时候,我和小安像朋友一样,无话不说;一谈起学习,她就炸了,巴不得让我赶快走开。"

小安的这种情况,并不是个例。在我辅导过的学生当中,小升初或初升高之后,成绩突然大幅度下滑的,占到了40%左右。这其中有客观原因,也有主观原因。

客观原因很简单：学习变难了。

据统计，上大学之前，在整个基础教育阶段，知识量的分布是不均匀的。小学的知识量占比比较小，初中的知识量则是小学的 3 倍，高中又是初中的 3 倍。如图 0-2 所示：

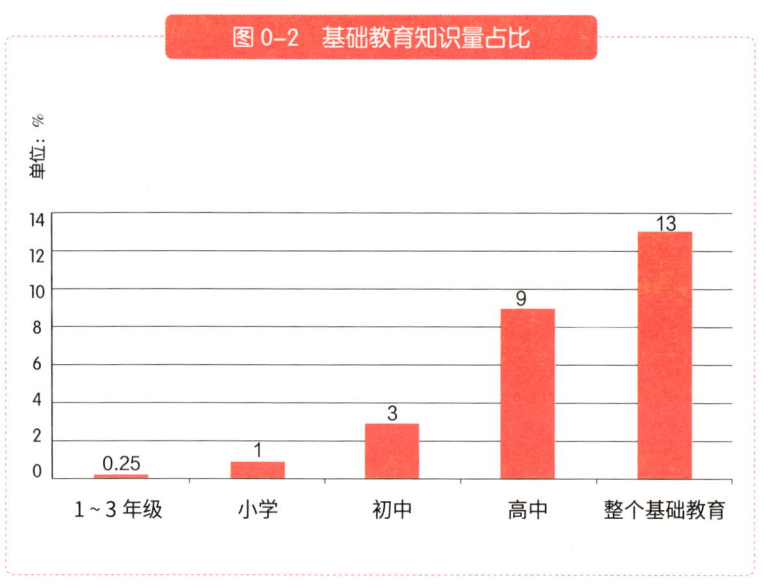

所以，当小安升上初中之后，第一年的知识量，就差不多相当于整个小学 6 年的知识量。如此巨大的增幅，难怪不适应。

那主观原因是什么呢？

就是因为学习策略和学习方法没有同步进行升级。

知识量及学习难度的增长，是学生无法改变的。学生唯一能改变的，是升级自己的学习策略和学习方法，提高学习效率，花同样的时间，甚至是花更少的时间，来拿到更好的成绩。

在第一次见面做咨询的时候，我问过小安，上初中之后，每天做功课要做到晚上几点。小安的答复是：11点左右，有时甚至到12点以后，而小学期间通常在9点前就完成功课了。如果初一的功课就要做到晚上11点，那到了初二、初三，功课肯定会变得更难，还能再熬到几点呢？

有一段顺口溜是这么形容小升初后的孩子的：

初一相差不大，

初二两极分化，

初三天上地下！

这也是小安妈妈给孩子报了补习班但效果也不好的原因之一。因为效率没有改变，仅仅靠延长学习时间，并不能有效解决"知识量增长"与"学习效率低"之间的矛盾。

有些学生通过补课，确实也提高了一些成绩，但一停止补课，成绩马上又下滑了。这就说明，某些补习班的作用，只是延长了学习时间，并没有从根本上解决学习效率的问题。

所以，对于小安妈妈来说，从开始找我做辅导，到孩子的期末成绩出来，也不过短短1个月时间，总成绩就提高了80分，有了大幅度提升，确实是意料之外。因为之前报过各科的补习班，都没有这样的效果。

但对于我来说，这样的结果，也是情理之中。因为我所做的，并不是将课本知识填鸭式地一股脑儿塞给小安，或是让她盲目地大量刷题，而是先教给她各类有助于提高学习效率的策略和方法。

在我的人生哲学中，我并不赞同"学海无涯苦作舟"式的努力。因为对于大部分学生来说，"苦学"并不是一个最优的选择。毕竟，"吃苦"是不符合人性的一件事。我更提倡"学海有涯乐作舟"，要通过提高学习效率来拿成绩，而不是单纯地通过延长学习时间来拿成绩。

事实上，通过我的优化，小安每天做功课的时间逐渐缩短，晚上10点前就能完成，这也为她提前上床睡觉提供了可能。由于确保了第二天有足够精神听好课，小安做作业的效率又进一步得到提升，从而进入了一种良性循环的学习状态。

在本系列丛书中，我将从以下三大板块，向大家阐释一些可以帮助学生提高学习效率的秘诀：

1. 专心听课篇
2. 轻松作业篇
3. 减压应试篇

在我 20 年的教学生涯中，陪伴孩子来做辅导的家长有 90% 都是妈妈。可以这么说，孩子成绩好，妈妈不焦虑。培养一个爱学习、会学习的孩子，也是在为创建一个和谐幸福的家庭做贡献。

目 录

第一章 孩子做作业拖拉背后的"隐情" / 3

1.1 比完成作业更重要的是"愉悦感" / 7

1.2 做作业拖拉只因缺了一种"掌控感" / 8

1.3 做作业之前没"热身",大脑也会"抽筋" / 9

1.4 盲目熬夜刷题所带来的"惯性无知" / 15

第二章 拖延不是病,学会跟本能做朋友 / 17

2.1 孩子拖延的历史根源是什么 / 20

2.2 父母的催促能让孩子变得更主动地学习吗 / 24

2.3 孩子的学习目标跟父母的期望不一致怎么办 / 26

2.4 用好"即时反馈"机制,将孩子的拖延变废为宝 / 28

第三章　不是时间不够用，而是精力没管好 / 33

3.1　刷新认知：为什么做了学习时间计划还是拖拉 / 36

3.2　每天做功课到半夜 12 点，为什么还是不提分 / 38

3.3　人体生物节律：如何预测学习状态的高潮期、低潮期 / 41

3.4　从哪些身体部位判断当下的学习状态好不好 / 45

第四章　如何每天省出 1 小时 / 49

4.1　揪出桌面隐藏的注意力"杀手" / 52

4.2　今天作业很多，如何排序能更快更好完成 / 56

4.3　做作业时，老是跳出乱七八糟的念头怎么办 / 64

第五章　看似"投机取巧"，实则"省时高效" / 69

5.1　哪些作业直接抄答案的效果会更好 / 72

5.2　作业没完成，到点了该不该去睡觉 / 74

5.3　遇到难题，为什么不要马上查询 / 77

第六章　如何成为精力管理的高手 / 79

6.1　孩子学累之前，引导他这样主动休息 / 83

6.2　晚自习更适合解大应用题，还是更适合做背诵记忆 / 92

第七章　3 招让孩子变得"好想学习" / 95

7.1　靠近牛人，自己也会变成牛人 / 98

7.2　培养一项"特别长"的特长 / 100

7.3　每天给别人讲解一道题 / 103

第八章　筑起孩子抵御挫折的"自信防护罩" / 105

8.1　人不自信的起源是什么 / 109

8.2　学会区分"否定"和"反馈" / 115

8.3　列一份喜爱自己的清单 / 117

轻松作业

高效提分的护卫舰

作为占据学生时间第二多的学习活动——作业，对学生的学习有着至关重要的作用。高质量地完成作业，是搭建知识架构的重要保证。而学生写作业拖拉，通常不是家长所认为的"懒"，而是还没有掌握高效写作业的策略。

第一章

孩子做作业拖拉背后的"隐情"

下面的场景，家长们是否会有似曾相识的感觉？

"吃完饭就赶紧去做作业。"小易妈妈对孩子说道。

"知道啦……"小易拖着长音回应着妈妈。

"催什么催？"小易一边嗒嗒嗒拖着脚步，一边嘴里小声嘟囔着走进自己的房间。

时间来到晚上9:50，小易在房间里已经待了2个多小时了。妈妈轻轻推开门，轻声问了一句："写完作业了吗？"

"快了快了。"小易头也没抬，显得有点不耐烦地回应道。

妈妈踮着脚步，轻轻走上前，看到小易的作业本是合上的，小易正在做的，是给一幅漫画描边。

"你在干吗？"小易妈妈的声音提高了3度，一字一顿地责问小易，眉头也挤皱了起来。很显然，妈妈被孩子的"不诚实"惹得有些恼怒。

"我学累了，休息一会儿不行呀？"小易额头上仿佛写着一个大大的"切"字，对妈妈的责问也是一脸的不屑一顾。

"一天到晚就知道玩，你就不知道要用点功吗？"小易妈妈一巴掌拍在了小易的漫画上，嘴里似乎就要喷出火来了。

小易没再回话，眉头紧锁，上牙紧紧咬着下唇，眼里浮现出一丝泪光，打了个转，悄然流了下来……

据不完全统计，我所做过的提分咨询案例中，令家长头疼的问题有不少，而孩子"做作业拖拉"排在了第一位。

有不少家长反映，对于孩子做作业拖拉的问题，虽然自己也想了各种办法，但收效并不大。反而因为催促过多，还让他们的亲子关系受到了影响。

有家长还打趣地告诉我，不聊作业的时候，他跟孩子有说有笑像朋友。一说做作业，就仿佛站在了火山口上，扔下一小块木片就能激起一大片火花。

为什么很多孩子不喜欢做作业呢？

1.1 比完成作业更重要的是"愉悦感"

我们换位思考一下,作为身在职场中的家长,如果不喜欢一项工作,而且这项工作能够带来的工资也不高,那你认为自己能够坚持多久而不会出现磨洋工的现象呢?

阿里巴巴的创始人马云在谈到关于员工辞职的问题时,曾经说过:"要么是钱没给到位,要么是心里受委屈了。"总而言之,就是员工干得不开心。

大人从事工作,都强调要开心。那么,我们在引导孩子做作业的时候,除了强调要按时完成,有没有重视过孩子在做作业过程中的"愉悦感"呢?

孩子不愿做作业,最主要的原因有 2 个:

① 不会做。
② 不想做。

不会做,是因为对基础知识、解题技巧等掌握得不充分,所以无能为力。

不想做,是因为没有找到学习的目标,对做作业本身缺乏一种成就感。

所以,给予孩子足够的方法支持,并引导他发现学习本身的乐趣,才是解决孩子做作业拖拉这一问题的核心秘诀。

1.2 做作业拖拉只因缺了一种"掌控感"

学生做事拖拉,其实是一个伪命题。如果把做作业换成是联机打游戏、跟同学约好在 QQ 上聊天、一起去逛街,他们还会拖拉吗?当然不会!甚至会迫不及待地去做。

为什么会这样呢?

除了因为这些事情做起来很开心以外,还因为这些事情做起来不费劲,学生很容易产生一种掌控感。人性如此,当你在做一件自己有把握控制的事情时,通常不会厌烦。

如果腾讯公司给 QQ 设计这样一条规定:16 岁以下的未成年人在 QQ 上聊天,每次对话都必须要写够 500 字以上,而且要有中心思想,否则信息就发不出去。这样的话,学生还会不会乐意跟同学聊个不停呢?

社交是人类的先天本能,是刚需,但做作业不是。完成作业是需要掌握更多的知识和方法才能够做到的事情。

所以,面对繁多且困难的作业,很多孩子变拖拉,也是一种本能的反应。因为他们无法掌控这些作业,大脑就倾向于"视而不见"。对于父母的催促,他们也倾向于"听而不闻"。

为了解决这个矛盾,我们可以通过一系列行之有效的技巧,让学生将原来的"无助感",轻松转化成一种"掌控感"。用好这些技巧来帮助那些原来写作业困难的孩子,并且养成长期的好习惯,家长就不必始终费心费力陪在一旁,孩子也能自己写好作业。

1.3 做作业之前没"热身",大脑也会"抽筋"

我们都知道,运动员在比赛或大运动量训练之前,都会进行充分的热身,这既是为了保证训练效果,在比赛中拿到好成绩,也是为了避免身体在剧烈运动过程中受伤。

很多时候,学生做作业就相当于运动员在训练,如果没有提前给大脑"热身",大脑很快就会"抽筋"。具体表现是:很容易就会觉得"学累了"。

这就好比你去游泳,没做好热身就猛地扎进池子里,结果小腿和脚掌突然一抽筋,痛得只好赶紧爬上来,原来的好心情顿时也被破坏掉了。

所以,要想在做作业的过程中获得愉快的掌控感,学生也要学会先给大脑做"热身"。

这里有 3 个步骤,我带领许多学生亲身实践验证过,效果很好。

① 小口喝水

水占一个人体重的比例高达 70% 左右。身体缺水,会导致神经电流的传导速度下降。简单来说,就是学生的身体一缺水,就容易犯困,就会不想做功课。

而大部分人喝水,是等到非常口渴的时候才喝。此时身体已经处于轻微脱水的状态,不得不通过大脑提醒口渴的方式来向自己发出警报。

而做作业，是一种非常消耗脑能量的行为，学生虽然还没有感到特别口渴，但并不意味着身体不缺水。很多学生没有养成定时喝水的习惯，这会导致身体缺乏高品质的导电性能，学习起来会比较吃力。

所以，学生在做作业之前以及做作业的过程中，每隔30～45分钟，就要主动喝一次水，确保身体有充足的水分来提供能量循环，以支撑身体保持在高度专注的状态中。

同时，喝水的方式也要注意。很多学生喝水的方式，通常是拿起水杯就牛饮，直接大口大口地咽下去，这样喝水的补水效果是大打折扣的。

正确的喝法是：喝一小口水，不要急着马上吞下去，先在嘴里含7秒钟（或者心里默数7拍)，然后再慢慢地咽下去。如图1-1所示：

图1-1 小口喝水

完成以上流程，再以同样的方法接着喝第二口水、第三口水……直到自己的身体感觉喝够为止。

② 转动眼球

英国曼彻斯特大学的一项研究表明，左右水平转动眼球，能让大脑的左右半球互相沟通，有助于一个人回忆起重要的信息。

所以，学生在做作业之前，先做30秒的眼球左右水平转动，可以更好地帮助他回忆起学过的知识点，提高做作业的效率。

具体做法是：端坐在椅子上，眼球先水平转向左边，然后再水平转向右边，左右各转一次计2拍，1个8拍就是左右各转4次，做4~6个8拍（约30秒）即可。如图1-2所示：

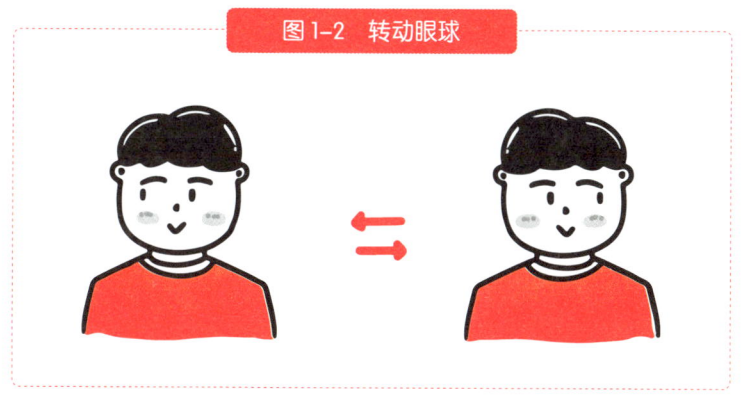

图1-2 转动眼球

有些学生在做这个练习的时候发现，做着做着，就会有眼前变亮的感觉。这说明他的眼睛捕捉光感的状态得到了提升，这会帮助他在阅读作业内容时更好地理解内容。

③ 腹式呼吸

要想让大脑更活跃，需要两种支持，一是水，二是氧。而正确的腹式呼吸，能扩张肺部的容量，使肺部吸入更多氧气，进而为大脑的思考提供充足的能量支援。

具体做法是：端坐在椅子上，用左手或右手（双手都用也可以）轻轻地按住肚脐的位置，然后慢慢地呼气，同时感受肚子慢慢凹下去。当感觉肚子已经凹到极限了，先憋住气，心里默数1、2、3、4、5、6、7、8、9、10，然后放开手，让肚子尽情地鼓起。

传统的腹式呼吸，强调的是先吸气，然后再慢慢地呼气（如图1-3所示）。

而补氧效果更好的高能腹式呼吸，强调的是先呼气，再自然地吸气（如图1-4所示）。即先把体内废气呼干净，然后身体就会因为需要补充氧气，自然而然地深吸气，而且你会感觉吸得更充实饱满，且不费劲。

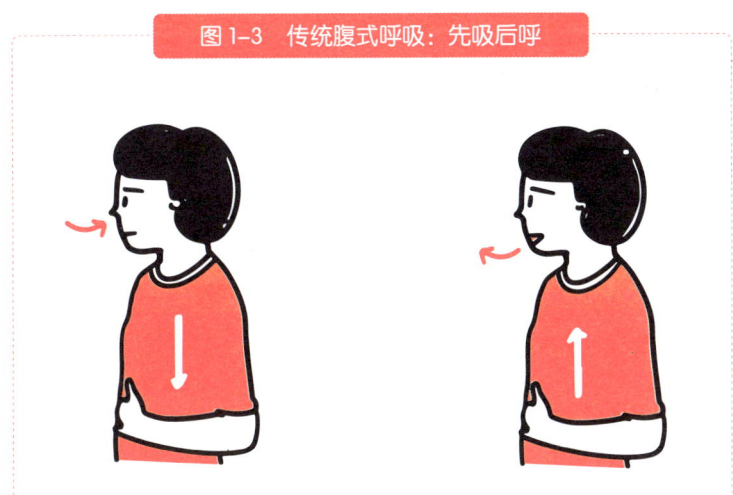

图1-3 传统腹式呼吸:先吸后呼

图1-4 高能腹式呼吸:先呼后吸

我在给学生做提分辅导时,学生普遍发现"先呼后吸",要比"先吸后呼"有更饱满的感觉。大多数人在进行了6~8次的深呼吸后,头脑会出现一丝丝清爽的感觉,这就是非常有利于之后做作业的"高能状态"。

所以,要想让学生在做作业的过程中,获得愉悦的掌控感,就可以引导他做好小口喝水、转动眼球、腹式呼吸这3项大脑"热身"运动。

那么,是不是做好大脑"热身"运动,学生就可以放心进行大量的作业练习(如每天刷题到半夜十一二点)呢?

当然也不是。并不是花大量时间,足够努力,成绩就会突飞猛进。

这恐怕也是大多数家长的认知误区:孩子成绩不理想,是因为他不够努力。所以,只要更努力,做更多练习,成绩就有望得到提升。如果单纯靠勤奋就能成功,那睡觉时间最少的孩子应该就是成绩最好的了。事实上并非如此。

1.4 盲目熬夜刷题所带来的"惯性无知"

是不是孩子刷的题越多,他对知识的掌握就越扎实呢?

答案显然是:不一定。我们先来看一个案例故事:

上初三的小怡遇到了这样的困惑:做完学校的作业后,妈妈又给她加量,让她做买来的练习册。妈妈原本是希望小怡能够多做题,增加中考能取得好成绩的胜算。结果却事与愿违,尽管小怡每天刷题到半夜 12 点,小怡的成绩却不进反退。离中考只剩最后一个学期了,妈妈也急得上火,不仅是自己的身体上火,情绪上也常常会忍不住对孩子发火。

后来通过朋友的介绍,小怡妈妈带着孩子找到了我。

第一次见面做辅导的时候,我先点出了课本中的几个基础概念,让小怡说一说她自己的理解。结果我发现,她对这些概念的认知相当模糊,可以说是一知半解,而且也举不出相对应的例子。小怡这种情况就是典型的盲目刷题所带来的"惯性无知"。

其实,小怡在做那些额外加量的练习题时,身体已经感到很疲惫。但为了中考能拿个好成绩,她也就听取了妈妈的意见:现在不逼自己一把,将来可能就会后悔。

所以,小怡硬撑着自己已经有些发胀的脑袋,接着刷题。但由于此时大脑思维已经不灵敏,小怡就会翻到练习册后面的参考答案的部分,直接看解题思路。慢慢地,就形成了一种依赖:一遇到卡壳的地方,就直接翻参考答案。

但在学校的测验和考试中,是没有机会看参考答案的。所以,小怡平时刷题感觉是理解了,其实只是大脑过了一遍答案后所形成的"虚假印象"。

"你是不是有这种感觉,平时做练习都感觉挺懂的。但是到了考试的时候,哪怕遇到很熟悉的题型,就是想不起来该用什么公式?"我问小怡。

"对对对,就是这种感觉,我也不知道为什么。"小怡赶忙点头。

为了改变这种"惯性无知"的状态,我给小怡支了一着儿,叫作"基础概念脱口而出"。

我建议小怡马上停止盲目刷题,每天做完学校的基本功课后,花半个小时,把课本中的基础概念标注出来,并大声朗读。同时,再给每个概念举2~3个例子,让自己真正理解了这个概念。

比如:有理数是由正有理数、0和负有理数组成的,那就要举出3个正有理数和负有理数的例子。正有理数有:3、1.8%、3.5,负有理数有:-1、-1/3、-0.83。

考试,其实就是课本基础知识的综合运用,只有把基本概念真正搞清楚了,才有能力进行灵活的运用。

因为没有了盲目大量刷题所带来的压力,并回归课本的知识本源,小怡的成绩终于止跌回升,进入稳中有升的通道。中考结束,小怡妈妈给我报喜,说孩子考上了本地的一所示范性高中。

第二章

拖延不是病,学会跟本能做朋友

学生做事磨蹭，如果排除了目标设定不够清晰的原因，通常就是执行力出了问题。

执行能力是大脑根据目标方向，排除干扰完成既定任务的一种能力。这种能力大多不是来自天生遗传，而是通过后天的训练培养出来的。

执行力就好比机场的塔台控制中心，工作人员要有能力去调度非常繁杂的空中交通，排除各种干扰因素，确保各个航班的飞机可以安全准时地起飞和降落。

2.1 孩子拖延的历史根源是什么

曾有调查显示，在孩子的各种拖延状态中，"做作业拖拉"是最令家长头疼的。

"反正还有时间，先玩一下再说。"这是大部分孩子做作业开始变拖拉时，脑海里最常出现的念头。根据"最省力原则"，人脑天生就不喜欢挑战困难的事情，能拖就拖，这也是大多数人的本能。

奇妙的是，大脑还有另外一个本能，就是"追求好处"。做作业的好处是什么，大多数学生都清楚的。但大脑又常常喜欢"装糊涂"，明知道有好处，但又不想那么辛苦，拖延的同时，又会幻想自己成绩好。如何打破这种矛盾的情况？

很简单，让事情变得清晰明朗化，让大脑无法"装糊涂"。

在人脑中，有一个部位叫作"网状激活系统"，英文是RAS（Reticular Activating System）。如图2-1所示。

RAS就好比人脑的导航仪，你把"目的地"输入进去，它就会自动收集一切相关的信息，规划出一条路线，带领你抵达"目的地"。

要想快速提升学生的执行力，我们就可以借助RAS的天然特性，让学习变得更有引导力和吸引力。具体的做法是：请学生把每天需要做的作业，以及能够完成作业的时间点，都明确地写在纸上或专门的时间记录本上。

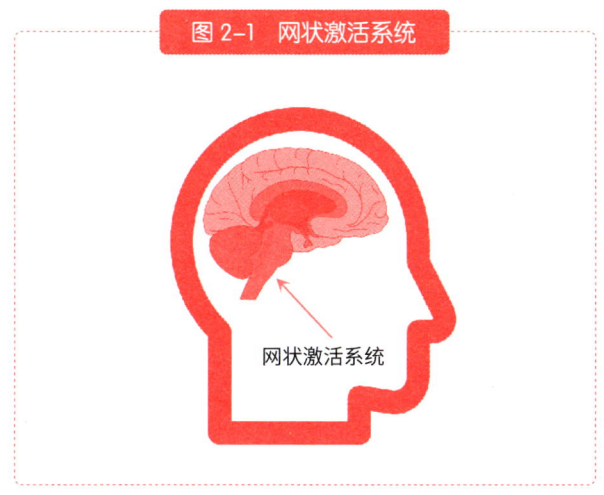

图 2-1 网状激活系统

比如：7:00 做数学作业、7:50 做语文作业、8:30 做英语作业。如果学生的数学作业是做老师发的单元测试卷，那就在时间记录本上写上：7:00 数学第三单元测试卷。如表 2-1 所示：

表 2-1 明确写出学习任务开启时间和具体内容

时间	任务
7:00	数学第三单元测试卷

学习任务写得越清晰,"导航路线"就越清楚,学生的执行力度就越强。

或许会有人问:为什么一定要写下来,脑子里记住不行吗?

人的大脑每分每秒都在处理成百上千条信息,如果不写下来,帮助大脑认清什么才是当下最重要的事情,那么,多件事情同时都涌上心头时,大脑无法同时处理好,就会感到烦躁。这就好比在上下班高峰期,短时间内剧增的人流和车流,会把道路堵得水泄不通。

当大脑中的信息过载、血液压力剧增时,大脑也会启动自我保护机制,想办法转移注意力,以降低自身的压力感。这就是为什么很多学生感到学习压力很大时,会选择去做那些不太费脑筋的事情,比如:看一会儿漫画、刷一会儿QQ空间。

而这些不太费脑筋的事情,会让大脑产生一种短暂的愉悦感。这就好比当你工作到腰酸背痛的时候,一双柔软而有力的大手突然伸了过来,给你按摩疲惫的肩颈,会舒服得令你不想让这双手再离开。

于是,学生们玩着玩着,时间就过去了。当学生意识到自己有些沉迷时,时间可能已经来到晚上9点或10点。学生看到时间那么晚了,作业还没完成,大脑就更烦躁,更不想做作业了,于是又想通过玩手机来麻醉自己。

久而久之,一做作业就有压力,一有压力就想玩游戏,逐渐变成了一种恶性循环。

把做作业的时间点,以及具体的作业任务,都明确写下来,就是要让大脑排除不相关的信息干扰,只专注当下最重要的任务:写作业。

即使大脑依然会忍不住冒出各种杂念,但眼睛一看到面前的任务清单,就激活了 RAS 中的"自动导航"功能,会把学生的注意力拉回到当下的学习任务上。

所以,不要低估了大脑会走神的天性,也不要高估了自己的自控力。毕竟,写下来才看得见,看得见才不会盲目。

2.2　父母的催促能让孩子变得更主动地学习吗

看到自己孩子做作业太拖拉，不少父母通常会心急如焚，不断地去催促孩子。刚开始的一两次还有点效果，但催促多了之后，孩子耳朵就"起茧"了。家长越催促，孩子反而就越拖拉，而孩子越拖拉，父母就越上火，亲子间说话的分贝也不断提高，直至爆发语言或肢体上的冲突。

孩子拖拉是执行力有问题，而父母的催促，多半是责备孩子的态度问题。双方不在一个频道上，自然无法形成和谐共存。

父母并非不能催促，关键在于是否催到了点上。能让父母催促到发火的拖延，通常不是孩子的首次，而是习以为常了。换句话说，就是已经重复多次后形成习惯了。

这就好比一辆满载货物的运输车，正以 90 公里的时速在行驶，前方 100 米处突然蹿出一只羊，司机如果立马把刹车踩死，很可能就会翻车。

有经验的老司机则会通过踩点刹的方式，一点点让车速降下来，最后再让车停下来。或者趁着车速降下来后，借机打方向盘绕过那只羊。

父母催促孩子也是如此，不要因为孩子不听，就一直唠叨个不停，这样只会让孩子更厌烦。有经验的父母则会用类似"踩点刹"的方式，逐步把孩子从拖延的状态"拉"出来，具体步骤如下：

① 预告提醒

孩子正在玩游戏玩得上头，还没开始做作业。父母上去提醒：再玩 10 分钟，就要停了。说完就离开，不要继续教训孩子。

② 二次提醒

又过了 5 分钟，父母指着墙上的时钟再次提醒孩子：还有 5 分钟，一会儿到时间是你自己停，还是我来提醒你？

这种二选一的问法，在心理上会让孩子感觉有自主选择权。最终无论孩子选择自己停，还是让父母提醒，双方的目标都一致。

③ 兑现承诺

约定的时间到了，如果孩子选择自己停，父母只需看一眼确认即可。如果孩子选择了让父母提醒，此时孩子一看到父母过来了，通常也会停止玩游戏，以兑现刚才的承诺。如果孩子还是没停止玩游戏，父母此时就有充分理由强制没收手机，孩子也不太好意思对抗反驳。

毕竟父母已经提醒了 3 次，让"车速"降了下来，惯性的势能已经减弱，最后再踩一脚"刹车"，也不会对孩子造成什么伤害了。

事实上，很多孩子拖拉，父母怎么催促都不管用，通常也跟孩子与父母对待学习的期望值不一致有关。

2.3 孩子的学习目标跟父母的期望不一致怎么办

我常常遇到父母抱怨孩子不努力学习，定了目标也不执行。而进一步深入调查之后，我发现其中 80% 的目标是父母替孩子定的，并不是孩子的意愿。

有些父母错把孩子当成"员工"来管理，而不是当作"孩子"来管理。他们觉得，孩子的心智还不成熟，并不明白学习的重要性，所以会认为自己比孩子考虑得更周全。于是就喜欢处处替孩子做决定，想等孩子长大后，再由孩子自己来定学习目标。

殊不知，做决策并不像呼吸和心跳那样，是一个人天生的本能，而是后天需要通过大量的实践才能锻炼出来的本事。练本事，就意味着会犯错，要从错误中学会自我调节。父母替孩子定学习目标，就等于剥夺了锻炼孩子决策能力的机会。

另一方面，把定学习目标的主动权交还给孩子，并不意味着家长不管不问，甩手让孩子自己摸索，家长也需要给予孩子足够的方法支持。比如：教会孩子使用"SMART 原则"来分析目标的合理性，用"计划清单"来明确任务执行的时间点，等等。

因此，父母也要学会调整好自己的期望值，在"以孩子为主"的理念下，最大限度地帮助孩子成长。以下 4 点可供父母们参考：

① 父母先跟孩子的老师沟通,了解孩子在学校的学习状态、成绩等情况,便于引导孩子制定出符合自己需求的目标。

② 制定学习目标的主体是孩子,父母要尊重孩子意愿,可以耐心加以引导,但不要代替孩子直接做决定。

③ 父母不要把自己的想法强行加到孩子的学习计划中,孩子执行过程中有问题,家长可以协助提醒,但不要催促呵斥,要让孩子了解自己的学习状况,学会自我调整。

④ 父母不要拿自家孩子跟别人家的孩子攀比,不要总要求自己的孩子跟"别人家的孩子"一样,要鼓励孩子按照自己的节奏来学习。

那么,对于已经有拖延习惯的孩子,父母又该如何扭转当下不利的局面,让孩子重新找回良好的学习状态呢?

2.4 用好"即时反馈"机制,将孩子的拖延变废为宝

孩子变拖拉,在一定程度上,是因为他所制定的学习目标不合理,导致缺乏足够的执行动力,具体表现有如下2点:

① 目标计划定得过于理想,未考虑生活方面的平衡

人的需求是多样化的,不要把学习时间安排得太满。孩子一天的作息,既要有吃喝拉撒、上课、课外活动的安排,也要有休息的安排,包括跟朋友聊天、看电视等娱乐休闲的时间。

我曾在网上看到过,有家长给孩子制订假期的学习计划,把时间排得特别满,我看了都感觉几乎喘不上气来。如图2-2所示。

如果给孩子的安排只考虑学习,不考虑生活情趣,孩子的学习动力是无法持久的。

② 目标计划要预留一定的灵活性

俗话说:计划赶不上变化。如果孩子的学习计划定得太死,也会给孩子造成执行上的压力。比如:孩子某一天因为学校有校庆排练,回家后身体已经非常疲惫了,这时就应更改计划,删减部分相对不那么重要的作业任务,让孩子先早点休息。

图 2-2 安排得过满的学习计划

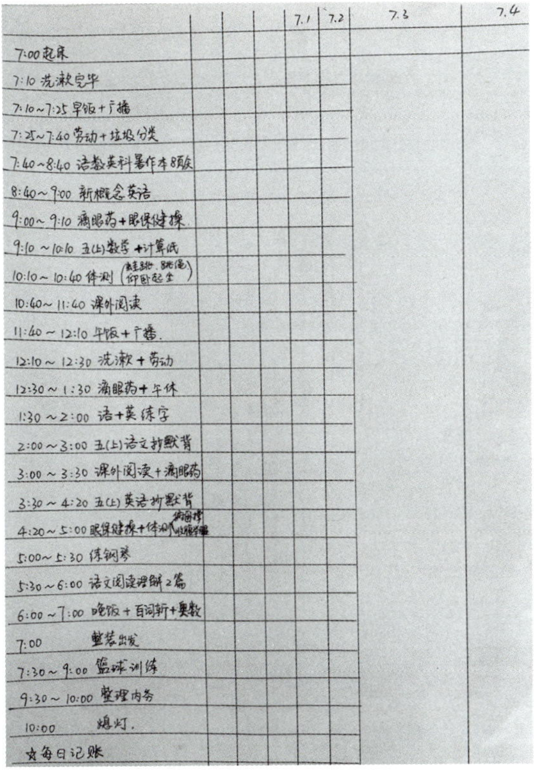

如果父母硬性规定,孩子一定要完成当天计划中的所有作业任务才能睡觉,哪怕孩子现在已经在不断打哈欠了,父母依旧不管不顾,就很不人性化。这种不留余地的坚持,会对孩子的身心健康造成伤害。以牺牲学习愉悦感换来的被迫坚持,恐怕也是得不偿失的。

所以，父母在引导孩子制订学习计划时，可多预留 10%~15% 的灵活空间，让孩子有歇一口气的机会。

比如：按照孩子的正常能力，今天的数学作业有望在 40 分钟内完成。但在制订计划时，可以预留出 45 分钟的时间给数学作业。这样孩子不会因为心理压力过大而产生厌学情绪，也许还会因为能够在计划时间内提前完成，而产生一种"走在了时间前面"的愉悦感。

同时，我们通过采用"时间清单"的做法，鼓励孩子每完成一项计划中的任务后，就马上在清单上打个"√"。通过这种"即时反馈"的记录机制，增加孩子完成学习任务后的"确定感"和"成就感"。

我曾辅导过一位学生，通过制订月度清单，成功帮助他克服了作业拖拉的问题，如表 2-2 所示。

打"√"，就是将抽象的任务，转化成一种"可视化"的成就感，可以让孩子清晰地看到自己每天的收获，也能大大降低孩子拖延的概率。

表2-2 学习计划月度清单（范例）

日期	学习任务					
	数学作业	背单词				
8月26日	✓	✓				
8月27日	✓	✓				
8月28日	✓	✓				
8月29日		✓				
8月30日		✓				
8月31日						

制订学习计划清单，确实是解决孩子拖延、提高做作业效率的好方法。但在实践中，还是有不少孩子反映，明知道要完成清单中的任务，但自己老是觉得时间不够用，每天总有一部分内容无法完成。

久而久之，人会变得比较烦躁，最后干脆就放弃制订清单，又回到"想到什么才做什么"的老路了。这到底是怎么回事呢？

第三章

不是时间不够用,而是精力没管好

老天其实是公平的,给予每个人一天都是 24 小时,一秒不多,一秒不少。很多孩子学习困难,总感觉时间不够,成绩上渐渐与同学拉开差距,也是因为时间利用效率上存在着差距。

当老师正在讲台上分析一个重要公式如何应用时,下面的学生,有的专心听讲认真做笔记,有的却精神萎靡地趴在桌子上。

放学回家做作业,有的学生一打开书包、清理好桌面,半个多小时就能一气呵成;也有的学生哈欠连天,磨蹭了 2 个多小时还没做完一半。

大脑只占一个人身体体重的 2%,却消耗了身体 20% 的能量。如果没有管理好自己的精力,身体就无法给大脑提供充足的能量,在应对学习过程中的理解、思考、记忆、分析等需要耗费大量心智能量的活动时,自然就会出现"心不定,学不进"的状态。

3.1 刷新认知：为什么做了学习时间计划还是拖拉

我遇到过不少父母，给孩子报过时间管理方面的课程，也学习了如何正确制订学习计划，但一落实到执行的层面，孩子坚持不了几天就又变拖拉了。

在一个人精力能量不足的情况下，学习时间计划也会形同虚设，即便有也做不到。用一句老话来形容这种现象，就叫作心有余而力不足。

在给学生做辅导时，我发现了部分"学困生"的典型特征：精神状态通常不好，走路有气无力的，双手贴在身体两侧，很少能够有力地摆动起来。

因为成绩落后，这些精力不足的学生，通常会刷题做作业到很晚，不可谓不努力。但他们的成绩却长期原地踏步，甚至不进反退。

出现这类有计划却难以执行的现象，有一个非常普遍的原因：学习计划过于完美主义化。

有些家长对孩子的期望值很高，在给孩子制订时间清单时，更多考虑的是家长自己的愿望，而没有充分考虑孩子的承受能力。

就如同本书第二章中提到的那位家长，把孩子的学习计划清单排得太满，没有给孩子留下休闲娱乐的时间，几乎是把孩子当成机器可以持续工作。一旦孩子哪天出现头疼脑热，或者心情不好,而家长又要求必须执行完清单上的任务后才能睡觉。这样亲子之间爆发一场冲突将是在所难免的。

所以,我建议家长在引导孩子制订学习计划时,要充分考虑孩子的特点,清单上的安排要适当"留白",让孩子也有休息和娱乐的时间。毕竟,会休息的人,才更有余力面对更大的挑战。

3.2 每天做功课到半夜 12 点,为什么还是不提分

在找我做辅导的学生当中,每天做功课到半夜 12 点的,占到了 20% 左右。如此辛苦的付出,却未换来成绩的提升,是因为他们已经陷入了"疲劳战术"的循环怪圈。如图 3-1 所示:

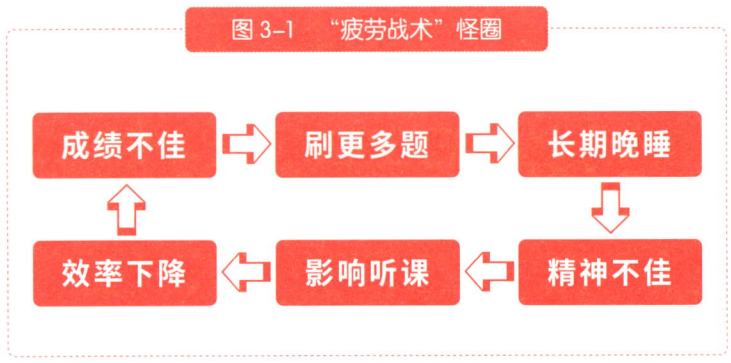

科学研究表明,高质量的睡眠是记忆得以增强的关键。大脑并非像有些人所认为的那样,在睡觉的时候就"关机"了,其实它还在高速运转中。

当一个人躺到床上,开始睡觉的时候,大脑会相继进入 4 个阶段:

① 入睡阶段:约占整晚睡眠时长的 5%。此时人比较容易被吵醒。

② 浅睡阶段：约占整晚睡眠时长的45%。此时大脑逐渐失去意识。

③ 慢波睡眠阶段：约占整晚睡眠时长的25%。此时是大脑进行记忆巩固的时候。

④ 快速眼动睡眠阶段：约占整晚睡眠时长的25%。此时梦境开始产生。

当一个人睡熟之后，慢波睡眠和快速眼动睡眠会交替出现，通常会有4~6个周期。尤其是当进入快速眼动睡眠之后，会出现各种生动的梦境，而且会产生与人在清醒时相类似的脑电波。

对于学生来说，进入快速眼动睡眠阶段后，大脑会重演白天的各种场景，比如：白天上课老师讲了什么、晚上吃了什么、跟同学说了什么等等。这些重演会让脑细胞之间产生更加紧密的联系。重演得越多，脑细胞的联系越紧密，相关信息的记忆也就越能得到巩固。

如果学生长期晚睡，或者睡眠质量不好，时常半夜惊醒，然后又很难再次入睡，就会导致慢波睡眠和快速眼动睡眠的时间缩短（俗称"睡得浅"）。大脑没有足够的时间进行重演，就无法增强脑细胞间的联系，对白天所学内容的记忆效果就会不好。

在我长期的辅导生涯中，我发现那些饱受"学得快也忘得快"困扰的学生，大多都有不同程度的睡眠问题。

一位学生如果长期做功课到很晚,却没有提分的话,说明延长做功课的时间本身,并不能提高他在知识方面的记忆和应用效果。

与其继续盲目地"更努力",不如先对作业任务进行取舍,或多与同学合作及善用工具书及网络搜索,减少做作业的时间,确保先有充足的睡眠,第二天以精神饱满的状态去听课,从而提高对课堂内容的吸收效果,并进一步提高做作业的效率。

表面上看,这似乎减少了做功课的时间。但把学习状态调节好了,记忆效果会更佳,成绩反而提升得更快。

在这个过程中,我们可以借助"人体生物钟周期",来帮助学生预测自己的学习状态的高潮期和低潮期,以便提前做好预案,将状态好时的优势发挥到极致,同时将状态不好时的影响降至最低。

3.3 人体生物节律：如何预测学习状态的高潮期、低潮期

月圆月缺，潮起潮落。现代研究表明，植物、动物乃至人体，都具有一个"自动自发"的生物钟节奏。也就是说，人的一生，都受生物钟的控制而交替出现状态高潮和状态低潮。

为什么平时成绩一般的学生，突然有一次考试超常发挥拿到高分？为什么一直名列前茅的学生，在高考时却发挥失常名落孙山？为什么平时很听话的"乖乖仔"，某一天会突然爆发，与人吵架？

这些都跟人体生物节律有关，这就好比女性在来例假的那几天，有时会感觉身体疲惫，情绪变差；但有时却不受影响，例假期间依然能吃、能动、睡得香。种种不可思议的现象，其实都是人体生物节律在发挥作用。

20世纪初，英国医生费里斯和德国心理学家斯沃博特，通过对一些病人的长期观察，发现了人体生物节律，其对应的循环周期分别为：

智力节律：33天

情绪节律：28天

体力节律：23天

这 3 个生物钟在运转当中，都有各自的高潮期和低潮期。当运转到高潮期的时候，通常会表现出精力充沛，思维敏捷，情绪乐观，记忆力、理解力强等特征。有些学生突然会考出比平常更好的成绩，作家突然遇到久违的灵感，运动员突然状态非凡般地破纪录，都是这 3 个人体生物节律运转到高潮期时的结果。

我们可以遵照一个公式步骤，计算出自己智力、情绪、体力节律的高潮期和低潮期。

① 先算"总天数"

即从出生至今的某一天的总天数。例如：你孩子是 2005 年 6 月 1 日出生，要计算 2020 年 11 月 22 日的这天的生物节律，那他从出生日至 2020 年 11 月 22 日的总天数为 5653 天。

② 再算"余数"

将"总天数"分别除以 33、28、23，就得到智力、情绪、体力节律方面的余数。

智力：5653 ÷ 33 = 171，余数为 10

情绪：5653 ÷ 28 = 201，余数为 25

体力：5653 ÷ 23 = 245，余数为 18

③ 用"余数"与"半周期"比较

各个生物钟的半周期为"全周期除以 2"。

智力半周期：33 ÷ 2 = 16.5

情绪半周期：28 ÷ 2 = 14

体力半周期：23 ÷ 2 = 11.5

余数小于半周期的数值时，说明处于相对高潮期；余数大于半周期的数值时，处于低潮期；余数接近半周期的数值或余数为零时，则为临界期。

比如：一位 2005 年 6 月 1 日出生的孩子，计算出其在 2020 年 11 月 22 日当天的生物节律是：智力为 10、情绪为 25、体力为 18，他对应的身体运行状态就如表 3-1 所示：

表 3-1 生物节律样例

生物钟	半周期	余数	运动状态
智力	16.5	10	高潮期
情绪	14	25	低潮期
体力	11.5	18	低潮期

然后根据"智力、情绪、体力"这三大节律的不同运行状态，来制订和调整不同的学习强度。

为了便于计算，也有专业人士开发出了相关的程序，一键就可计算出自己的生物节律。你在网上搜索：人体生物节律查询,便可以找到。

找到相关程序后,输入自己的"出生日期"和"预测日期",便可查到自己在任意一天的生物节律数值。以100%为顶峰,数值越大,说明这天的状态越好。如图3-2所示:

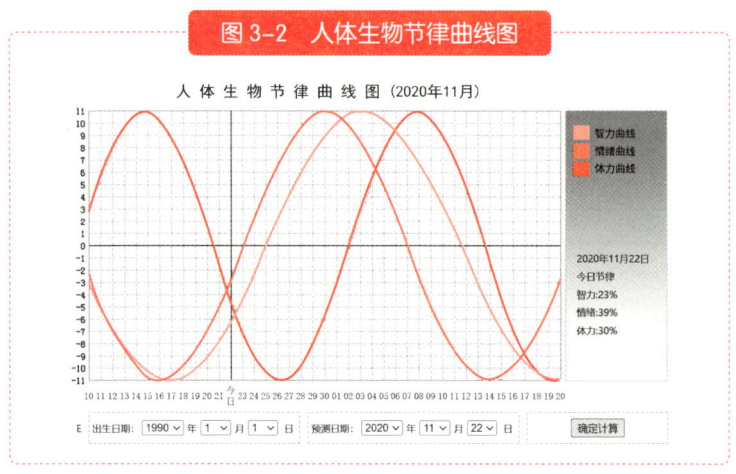

图3-2 人体生物节律曲线图

比如:在高潮期的时候,可以通过增加学习任务量,或挑战难度更大的题目等做法,适当提高学习强度,以便最大限度发挥出自己的能力优势。

而在临界期、低潮期即将到来时,就要提前做好准备。比如:适当减少学习任务量,或调整任务难度,以常规的、较轻松的练习为主。

除了通过计算人体生物节律,还可以通过自我觉察身体部位状态,来判断自己当下学习状态的好坏程度。

3.4　从哪些身体部位判断当下的学习状态好不好

如果父母问孩子:"吃完饭后,你是愿意学习,还是愿意玩游戏?"

可能有孩子会回答:"学习。"但我们清楚,在现实中,大多数孩子的心声其实是"玩游戏"。

是的,爱玩,是人之常情,大人小孩都如此。但有些学生,可能比班里很多同学还"贪玩",在学校功课上花的时间也不是最多的,甚至还不一定是最聪明的,但他们却常常能拿到令人羡慕的好成绩。他们到底掌握了什么秘诀?

常常会有些家长去打听,这些爱玩的"学霸"到底报了哪些辅导班,然后照葫芦画瓢,给自己孩子也报同样的辅导班。

给自己孩子报跟学霸同样的辅导班,也能学到同样的解题思路和学习方法,这说明他们相较之"学霸",在获取的知识方面,并没有落后。但他们还是会在成绩上拉开差距,是因为常规辅导班无法给每位学生都带来"学霸"那样的同款"学习状态"。

如果你孩子的学习状态不好,哪怕是跟"学霸"在同一个班,学同样的内容,他也很难像"学霸"那样,吸收到同样多的知识,并转化成自己的内在能力,未来也难以运用出来。

既然玩耍才是人类的天性,而孩子又不得不面对眼前的学习时，怎么做才能把学习变得像玩耍一样愉快呢？

随着现代科技的发展，学习的工具也不断迭代，电脑、平板、手机等层出不穷，但最重要的学习工具，依然是我们的"身体"。

语文、数学、英语、物理、化学……无论学习哪个科目，都会运用到自己的耳、眼、手、脑、身。因为：

上课听老师讲课，要用到耳朵；

阅读课本教材，要用到眼睛；

记笔记做功课，要用到手；

解题思考，要用脑；

学习时是否足够专注，也取决于身体姿势是否平衡端正。

也就是说，一个人的耳、眼、手、脑、身的生理状态，将决定他的学习效率，自然也会影响到他最终的学习成绩。

事实上，学习是一个复杂的工程，是耳、眼、手、脑、身共同协作的结果。如果某一个部位的状态出了问题，也有可能会影响到其他部位的发挥，进而影响总体的学习行为表现。

比如：如果一个孩子的手部书写控制状态不好，哪怕他上课很认真在听课，也会因为无法顺利及时将老师讲的重点记录下来，而影响他回家后做作业的效率。因为大脑在学习新知识的最初阶段，遗忘速度很快，如果不做记录，回家后就已经遗忘。假如无法及时复习，做作业时因为缺乏思路，就会拖很长时间都无法完成。

再比如：如果孩子的身体四肢处于紧张状态，注意力就会转移到自我防御的动作上。做作业时趴在桌子上、双脚扣在凳子腿上，而不是把注意力放在作业内容本身。

以做英语听力练习为例，如果孩子此时的耳部生理状态不太好（这并不是指耳朵有病症，而是指当时的状态不好，就好比一个人累的时候，眼睛花看不清东西，但并不意味着他有眼疾），他的注意力就很难放在听录音上。他的耳朵听到的英语录音，并不会顺利地通过听觉神经系统，进入到大脑中枢系统，中途会有很多信息丢失，大脑也就无法有效处理并记忆下来。

这就是人们常说的"左耳进，右耳出"，这样的学习效果当然就不好。

那什么是好的学习状态？简单来说，就是耳聪、眼亮、手顺、脑活、身轻，如图 3-3 所示：

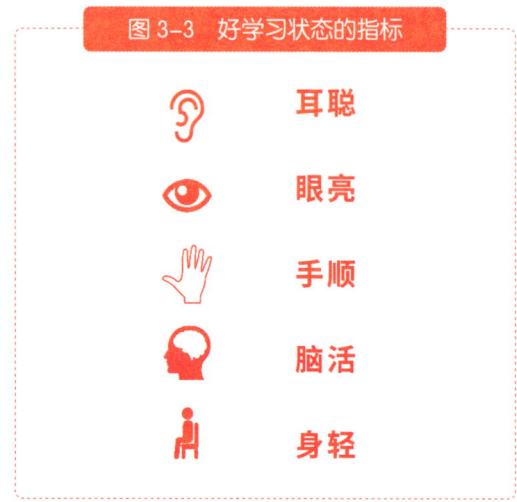

图 3-3 好学习状态的指标
- 耳聪
- 眼亮
- 手顺
- 脑活
- 身轻

所以,通过调节学生的身体状态,提升他的大脑吸收知识信息的效率,他在学校以及辅导班里学到的方法和技巧才有机会获得最佳的发挥。

关于如何调节孩子的身体状态以提高他做作业的质量,可以参考本丛书第一本书《专心听课篇》第二章中的做法。

好方法 + 好状态 = 好成绩。

第四章

如何每天省出 1 小时

家长到底该不该陪孩子做作业？众说纷纭，这恐怕也是一个永无休止的问题。

我身边有不少家长朋友，为了督促孩子养成有效利用时间的习惯，从孩子上一年级开始，就陪孩子做作业，陪到了六年级，却发现越陪孩子变得越拖拉。孩子上初中后，家长再也管不住，孩子的成绩就一路下滑，直教各位妈妈们大喊"头疼死了"。

除了在学校上课以外，家庭作业是占据孩子时间最多的学习活动。若能提高孩子做作业的效率，不但可以节省孩子的学习时间，还可以节省家长无效的陪读时间。

孩子做作业花费时间较多，除了知识学得不牢固、题目不会做等原因以外，桌面上隐藏的注意力"杀手"，也会分散孩子的注意力。

4.1 揪出桌面隐藏的注意力"杀手"

在我 20 年的辅导生涯中,有近一半的学生家长向我反映过,孩子在家做作业,喜欢做一会儿就玩一会儿,常常耗到晚上 10 点多,作业还没做完。

人的大脑只占全身体重的 2%,却消耗了 20% 的能量。所以,孩子的注意力(也包括很多大人),天然就会被那些不需要费脑筋的东西吸引过去,比如:放在面前的漫画、随手就能拿到的小玩具、摆在旁边的手机等等。

所以,孩子在做作业之前,父母可以提醒他要先收拾好桌面,只留下必要的学习用品。

举个例子:孩子准备要做数学作业时,桌面上就只留下数学课本、数学笔记本、数学练习册、书写笔、橡皮等。其他不相关的东西(如漫画、手机、暂时用不到的语文或英语教材等),都先放到较远处的书架上,至少是放在坐着不起身,伸手也够不着的地方。

处理好这些注意力的干扰物品,也并不能完全杜绝孩子分神。因为有些孩子还是会习惯性地左顾右盼,转头去看这些原本触手可及的东西(尤其是在刚执行桌面清理任务的前 7 天)。

但由于这些物品放得较远,要想够得着,就必须要站起来、走过去。这在一定程度上,降低了孩子第一时间玩东西的便利性。

只要当一件事情有改进的机会，哪怕只有5%的提升，也是值得我们去做的。

我曾辅导过一位学生，家长在督促孩子执行"先收拾桌面，再做作业"的初期，发现孩子常常会坐立不安。有时还是会站起来，到书架那里去翻弄漫画书。家长于是就觉得这个办法没什么用，一度很想放弃督促孩子。

为了增强家长的信心，我请她在督促孩子期间，同时把孩子完成作业的时间点记录下来。连续记录一周后，再反馈给我。以下是这位家长对孩子完成作业时间点的记录表（如表4-1所示）：

表4-1　XXX同学每天完成作业时间点

周一	周二	周三	周四	周五	周六	周日
晚上 10:23	晚上 10:44	晚上 9:37	晚上 9:16	晚上 9:54	晚上 9:22	晚上 9:28

从家长的记录来看，孩子每天完成作业的时间点并不一样，有起也有伏，但平均算下来，每天大概在晚上9:49可完成作业。

而在执行"桌面清理任务"之前，这位学生通常每天要到晚上10:30以后才能完成作业。总体而言，执行"桌面清理任务"之后，该学生完成作业所花费的时间，是有所下降的。如图 4-1 所示：

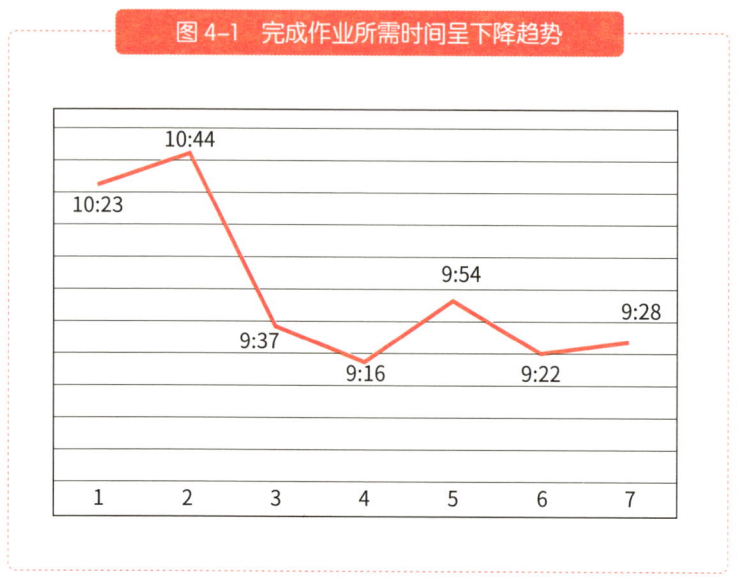

图 4-1 完成作业所需时间呈下降趋势

通过数据对比，我们才会得知一项措施是否有效，以及该措施有效到什么程度。

如果学生学会先花 5 分钟收拾好桌面，每天可以节省 40 分钟左右做作业的时间，一年下来，累计可以节省 14600 分钟。以中小学每节课 40～45 分钟来计算的话，这 14600 分钟相当于 324～365 节课。

通过消除做作业时的注意力干扰，每年能省出 300 多节课的时间，这笔"时间财富"是非常宝贵的。怀着一颗积极上进之心的孩子，会将省下的一部分时间也用于加强知识技能的学习，其个人综合素质能力将会有质的飞跃，他也会成为一个更优秀的自己。

如果说因为桌面凌乱，导致注意力分散，是孩子作业拖拉的主观原因；那么，有时学校布置的作业量过大，则有可能成为孩子作业拖拉的客观原因。

学校各科老师都希望学生学好自己所教的这门科目，这是人之常情。但如果各科老师之间未及时进行良好的平衡度沟通，则会给接受能力较弱的孩子造成巨大的心理压力。

比如：某一科目的老师感觉自己布置的作业，学生应该不难完成，但当天多个科目老师布置的作业累加起来，就是一个"可怕"的量。

为了缓解学生的学习压力，除了学校要组织好各科老师之间的沟通，尽量平衡好当天的总作业量之外，家长还可以通过一些行之有效的心理技巧，来提升孩子完成作业的效率。

4.2　今天作业很多，如何排序能更快更好完成

小粟是我辅导过的众多饱受作业多困扰的学生之一。

"作业比较多的时候，我要做到晚上12:00才能做完。"小粟向我诉说这话时，眉毛微微锁着，嘴唇抿起，肩头向上耸了耸，一副无可奈何的模样。

"那你有没有做每日时间安排清单呢？"我问道。

"有啊。"小粟眉毛终于舒展开，露出了一丝自豪的神情。

"我有教过他做时间清单。"一旁陪伴的小粟妈妈也微笑着说道。

当我请小粟把昨天他的时间清单写下来给我看后（如表4-2所示），我发现了问题所在。

表4-2　小粟某天的时间安排清单

课外活动	17:00—17:30
晚　饭	18:00
看新闻	19:00—19:30
做作业	19:40—21:30
睡　觉	22:00

在这份清单里,小粟确实列出了各项事务的时间安排,但缺了一个重要的东西——细节!

19:40—21:30 这个时间段,是小粟做作业的时间,但每科每项作业的具体顺序和时间分配,并没有列出来。

我问小粟妈妈:"这份时间清单,能够让孩子在固定的时间段内完成作业吗?"

小粟妈妈承认,在作业比较少的时候,可以完成;但很多时候,他完成作业的时间,都会比计划拖后半个小时左右。而且小粟做完作业后感觉很累,上床后就心事重重,不那么容易入睡。

细节决定效率。于是我请小粟把做作业的具体科目内容,也一一写下来。如图 4-2 所示:

图 4-2 对做作业的科目内容进行细化

课外活动	17:00—17:30
晚　饭	18:00
看新闻	19:00—19:30
做作业	19:40—21:30
睡　觉	22:00

- 读英语
- 写数学试卷
- 预习语文第六课
- 写周记
- 看课外书

对于大脑而言，越是具体的任务，它执行的力度就越强。打个比方，你想去旅游，是不是首先要确定去哪里旅游？北京和北海，虽然都带一个"北"字，但方向相反，你的行程安排、费用开支、根据目的地天气情况决定要带的衣服等，也不一样。

所以，把具体的作业任务写下来，是为了能让自己做到心中有数，不慌不忙。

90%的孩子学习时间管理，通常也就是做到了列出大任务项目这一步，但一坐下来开始做作业，心理上还是会感觉学习压力特别大，尤其是当天作业比较多的时候，就会同小粟的感觉一样。

如果能够把大任务再进一步细分成小任务，并且给这些作业任务项排顺序，明确好先做哪项，后做哪项，效率就能得到提升，从而提高完成作业的速度，降低学习上的心理压力。

看到这，可能有人会对此不解，为什么要排顺序？从头到尾一项接着一项做完，不就行了吗？

心理学上有一个现象，叫作"峰终定律"，指的是人在做一件事情或参加一次活动的过程中，因为难度或获得感的不同，所以并不是从头到尾都能感受到同等的愉悦度。但如果在一段体验的高峰和结尾，体验是愉悦的，那么他对整个体验的感受就是愉悦的。如图4-3所示：

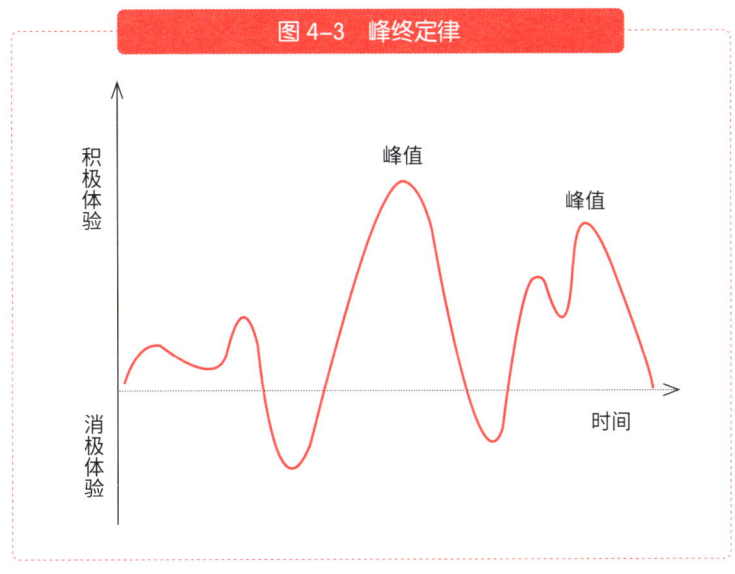

图 4-3 峰终定律

如果前面有过不愉快的感觉，但在接近结束前，他能体验到愉快的感觉，那他对整件事或整个活动的印象也还算是好的，期待下一次体验的意愿相对也会比较高。

有些高级饭店，为了提升顾客的体验感，设置了专业的点菜员，第二个或第三个菜会安排上店里的招牌大菜，然后在最后结束前上店里的招牌甜点。这样一来，即使不是所有菜都适合顾客的口味，但至少在开头和结束时吃到的菜，顾客还是相当满意的。

于是，顾客对整个用餐过程的体验感，总体还是比较愉悦的，下次再来这家饭店吃饭的概率也就比较高了。

在现实中，有些学生采取的是"先易后难"的策略，先做容易的作业，把压轴的难题或大作业留在最后才做；也有些学生是"先难后易"，先挑战最难的作业，把容易的放在最后才做。

这两种做法都有其可取之处，但并非效率最高的安排，而且不太容易让学生在写作业的过程中，形成一种良性的愉悦感。

根据"峰终定律"，如果学生到最后才做最困难的作业，那他就会以一种相对比较难受的体验感，来结束当天的作业。

因为人们通常能记住的，都是临近结束前的感觉。如果学生经常以困难的作业为结尾，那他通常记住的，就会是"作业好难呀""我都不懂怎么做"。他对第二天的作业，也很难抱有正面的期待感。

所以，要想让学生获得积极的体验感，就要引导他把当天的作业分成 4 个部分，分别是容易的、高难度的、中等难度的、容易的。每个部分占的比例分别是 20%、30%、30% 和 20%。如图 4-4 所示：

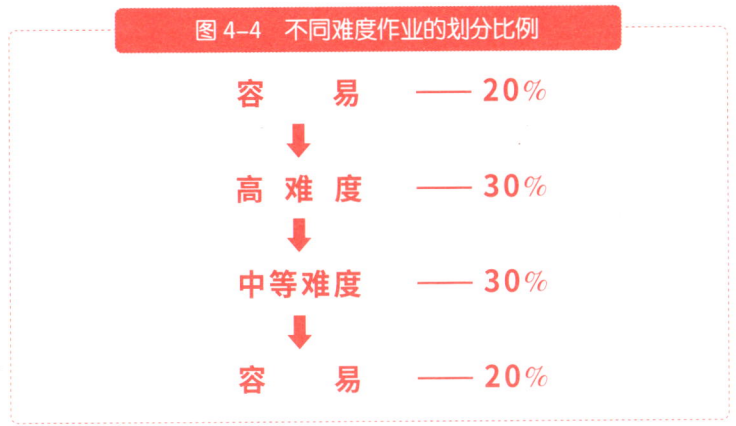

当然，这个比例并不是一成不变的，可以根据学生当天的作业量和实际难度，做上下浮动调整。总而言之，只要按照"易—难—易"的大方向来调整作业任务顺序，那就是合理的。如图4-5所示：

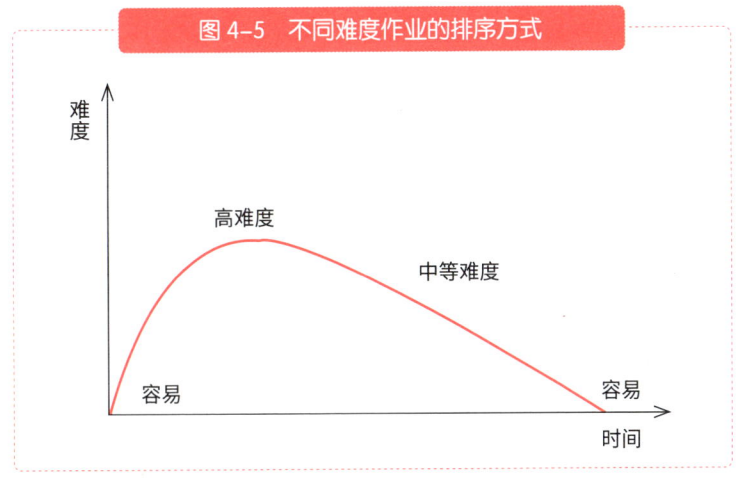

解释完"峰终定律"的原理和好处后,我又引导小粟将作业顺序做了相应的调整。如图4-6所示:

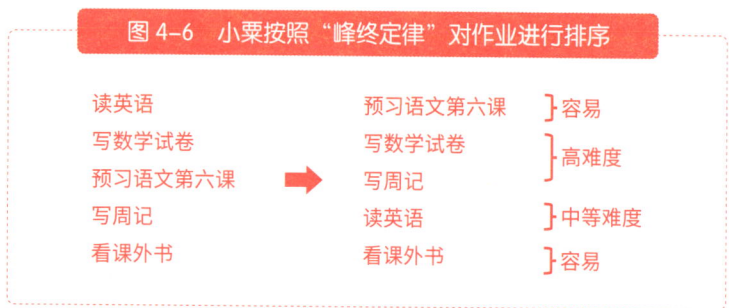

经过调整后,开头结尾都安排容易的作业任务,大脑就会觉得"今天的作业也不是太难嘛"。对于第二天的作业,大脑的排斥感也会大大降低了。

运用"峰终定律"来安排作业完成的顺序,并不能让作业总量变少,但能有效降低学生心理压力的感知程度,更容易帮助学生养成良好的做作业习惯。习惯养成了,对于成绩提升的作用,也是不言而喻的。

小练习：家长在家可引导你的孩子根据"峰终定律"，制订一份今天的高效作业排序表。如表 4-3 所示：

表 4-3　×××今日作业排序

作业难度	任务安排
容　易	
高难度	
中等难度	
容　易	

在实际操作中，有些家长还反映，给作业进行科学的排序，确实能降低孩子的心理压力，提高孩子主动完成作业的积极性。但有时感觉节省时间的效果还不是太明显，因为孩子说在做作业的过程中，脑子里总是会冒出各种各样的杂念，让自己不知不觉就分了神，过一会儿才会回过神来。

虽然每次分神只有 2~3 分钟，但一个晚上有七八次，甚至十几次，时间加起来，有时也会多达 30~40 分钟。

4.3 做作业时,老是跳出乱七八糟的念头怎么办

人脑的神经元,就像一个四通八达的交通网络,承载着信息的存储与交流。如图 4-7 所示:

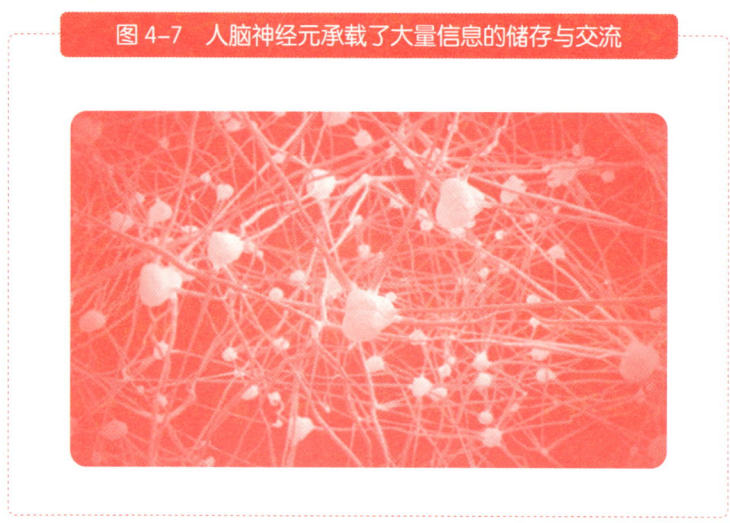

图 4-7 人脑神经元承载了大量信息的储存与交流

学生做作业的时候,要不断地从这个网络里调出相关的信息,才能答对题目。同时,也正是因为这个网络太丰富、太复杂了,所以,许多与答题不相关的信息也会不断地跳出来,对学生当下做作业的专注度造成影响。

试着想象一下这样的场景:

你正搭乘着地铁,因为正是高峰期,每到一个站,车厢门打开,上来的人比下去的人更多。你紧锁着眉头,身体移

了移,想稍微撤开挤着你前胸和后背的人,但根本没用。你紧紧地抓住扶手,心里却冒出了一大堆的念头。

"天啊,怎么那么挤呀!"
"唉,高峰期就是这样的啦。"
"后面那人真讨厌,老是挤我。"
"我要熬到什么时候才能解脱呀?"
"车上真闷,我都快喘不过气来了。"
"今天不知道老板又要发什么神经了。"
"旁边那人玩游戏就不知道戴上耳机吗?"

大脑就是这么有意思,你明明不希望想什么,但各种各样的念头会接二连三地蹦出来,一刻都不能停息。哪怕是晚上睡着了,大脑都要让你做几个梦来刷一下"存在感"。

很多家长也表示,曾悄悄到过孩子房间去瞄一眼,看看孩子到底有没有在认真做作业。如果你也这么做过,并且每次都看到孩子端坐在书桌前,并没有在玩别的东西,也不要高兴得太早了。

因为此时孩子很可能正"万念丛生",神游在他的世界里。至于眼前的作业,眼睛的确是在看着,但也很可能是"视而不见"。

正是因为大脑有这个"胡思乱想"的特性,所以,孩子的身体看似专注,并不意味着大脑也专注。很多孩子会静静地坐在书桌前 2 个小时,但作业却还做不到一半。

我接待过的学生咨询案例中,有类似这样的"神游"现象的学生,也占到了 30% 左右。可以说,不少学生作业变拖拉,不是他们不愿意认真做,而是他们也"控制不住自己"。

对此,我在给他们做学习辅导时,除了教会他们先清理桌面,以及按照"峰终定律"给作业排好序以外,还建议他们再增加一项可以帮助自己大脑专注下来的练习——冥想。

大脑中的想法多,一般人是无法抑制住的。当你希望自己什么都不要想时,其实就已经在想"什么都不要想"这件事了。这就好比孩子小时候,家长大喊让他"不要乱跑",他反而跑得更欢。

大禹治水,宜疏不宜堵。要想让孩子能够专注于当下的作业,也要引导他的大脑往这方面去想,具体做法如下:

① 静坐在椅子上,全脚掌着地,双手放在大腿上,或双手叠放,大拇指相抵。

② 闭上眼睛,把注意力放在自己的小腹上,感受腹部随着自己的深呼吸正一起一伏。

③ 深呼吸 8 次后,在脑海中想象出一个画面,画面中的自己正认真地做作业,心无旁骛,而且思维状态特别好,一看题目就马上能想到解题思路,并且马上就能奋笔疾书的样子。

保持这样的冥想状态 3~5 分钟。不必设闹钟，自我感觉心思专注下来，一种自信感浮现出来后，就可张开眼睛结束冥想。进行冥想训练后，对学习效果的提升有多大，我们来看一个案例：

小陆当时正上高二，因为在重点班，感觉学习压力很大。找我做辅导的时候，小陆就表明自己也正被做作业时的"胡思乱想"所困扰，每天作业都要耗到接近晚上 12 点才完成。而且因为压力大，心事重重，导致睡眠质量也不高。

躺在床上后，小陆脑海中还会冒出刚才做的作业题或白天发生的烦心事。所以，那段时间他的成绩下滑得比较厉害。

于是，我就教他用上面的冥想方法，来处理念头杂且多的状态，效果很好。"心安"了，就可以"明智"。

当小陆"驯服"了大脑中的杂念后，做作业的效率大大提高，每天的作业量基本在晚上 10 点前就可以完成，而且睡眠质量也变得更好了。

第五章

看似"投机取巧",实则"省时高效"

最好的教育，是"因材施教"，而最好的布置作业的方式，是"因人而异"。

但在现实中，学校里一个班有数十位同学，任课老师不可能制订几十份作业方案，给每位同学布置不同的作业量。所以，对于学生个人来说，要科学地进行取舍，才能优化自己的时间利用效率，最大化地提高成绩。

我们所说的做作业效率高，既要速度快，也要质量高，两者之间要找到一个最佳的平衡。

既然老师布置的作业，不可能照顾到每个学生的个性需求，那么，学生在做作业的时候，也不要盲目地什么作业都完完整整地一个人闷头去做，策略性地选择一些作业直接抄答案，学习时间的利用效率会更高。

5.1 哪些作业直接抄答案的效果会更好

以下这 2 类作业，直接抄答案的效果会更好。

① 过于简单的计算题

这类题是扫一眼题目，就知道怎么算了，只是有时老师布置的题量太多，需要花费较多时间去完成。比如：百位以内的加减乘除，对于大部分五年级以上的学生来说，练再多，也不会对数学思维有多大提升。

② 过于困难的应用题

有些同学做作业时一遇到非常困难的题，就跟这道题耗上了，反反复复在同一道题上纠缠了半个小时还没解出来，自己也被搞得很焦虑，导致其他的作业也没有充足的时间去完成。

所以，对于那些过于困难的题目，我建议设立一个"3分钟过滤机制"，即最多思考 3 分钟。3 分钟之后，如果还没有找到任何头绪，直接去"抄"一下参考答案反而更好。

这时的"抄"，并不是盲目地把答案照搬到作业本或练习册上，而是指参考别人的解题思路。

因为在抄的同时，学习了解题思路，然后盖住答案，自己再快速地做一遍，这样的"抄"，就很有意义。既节约了自己一个人苦苦摸索的时间，同时也省下更多时间去攻克其他难题。

同样是花1个小时，如果无头绪地去硬耗，也许只能解出1~2道题。如果采用"抄"的策略，也许可以解5~6道题，甚至还能省下时间分配给其他薄弱科目，何乐而不为？

所以，抄作业并非不可取，只抄不思，才会有害。正确地"抄"，是借鉴，是对时间策略优化的一种锻炼。

有些时候，作业难度适当，也确实对当下的知识建构比较重要，但就是量太大，如果硬撑着要在当天完成，就只能牺牲睡眠了，此时又该如何处理呢？

5.2　作业没完成,到点了该不该去睡觉

小沈是我之前辅导过的一位学生,在找到我之前,他每天做作业差不多都要到半夜 12 点,有时还会到凌晨一两点。我问他:"你每天做功课到那么晚,觉得辛苦吗?"

小沈苦笑着答复我说:"哎呀,都习惯了。"

根据我常年的观察发现,有不少家长为了让孩子的成绩能够得到提升,会给孩子报各种各样的补习班。孩子除了完成学校的基本功课以外,还需要完成补习班老师或家长布置的更多的课外练习题和测试试卷。

国家教育部门 2021 年出台了新的减负政策,规定了校外培训机构不得以课前预习、课后巩固、作业练习、微信群打卡等任何形式布置课后作业。但在短期内,这些政策不一定拦得住部分家长悄悄给孩子"加料"。

如果孩子刷题到半夜 12 点都已经养成习惯了,家长是不是就应该很放心了呢?你觉得小沈这么努力刻苦,成绩应该排在班里前几名呢?

保守估计,起码也是前 5 名吧,至少也能够是前 10 名吧。但遗憾的是,他的成绩长期徘徊在班里 30 名左右。

难道不是一分耕耘一分收获吗?孩子付出了那么多的努力,花了那么长的时间来学习,成绩为什么只是一般般呢?

问题就出在,孩子已经习惯用延长时间的方法来学习,而不是通过提高效率的方法来学习。虽然小沈每天做作业到

半夜 12 点，但是他吸收知识的效率是不高的。

因为长期的晚睡导致他疲惫的大脑得不到有效恢复，第二天上课的时候，他很容易犯困，总是晕乎乎地听课。听课效率不高，到了晚上做作业的时候，对白天老师所讲的基础知识掌握得不好，他做作业的时间也变得更长。

这就陷入了一种恶性循环：没能听好课，做作业时间就很长；做作业的时间长，睡眠不好，又影响了第二天的听课效果。

于是我建议小沈，把一部分学校要求以外的练习题和试卷全部"砍掉"，优先确保学校的基本功课能做完，并且重点是提高作业的质量。与此同时，要养成早睡早起的习惯。只有睡眠质量提高了，白天的精神才会好，上课才能更专心，回家做作业的效率也才会更高。

那么，如果到了睡觉时间，学校的作业还没做完，是继续做，还是应该遵守时间清单的安排，马上去睡觉呢？

我的建议是分两个方面来看：

① 看当时精神状态

如果当时已经感觉头昏脑涨，那就应该放下作业，先去睡觉，然后第二天早起再补做作业，或者到学校后请教同学或老师。

小沈之前觉得如果没有及时完成作业，会被老师责备，其实是自己想多了。大部分老师都喜欢爱提问的学生，只要不是故意不完成作业,并且能够及时说明和请教老师,事后补做还是可以被接纳的。

② 看作业完成情况

如果睡觉的时间已到,作业还差一点就完成(预计在10分钟以内),就可以选择继续做完再睡觉。如果差的还比较多,可先做好标记,第二天早起再补做。

除了睡眠问题会影响学生的作业效率以外,有些学生还常常受困于遇到难题不敢问,生怕别人会认为自己"无知"。结果一拖再拖,积累的问题越来越多,最后导致跟不上学校教学进度,自己变得听不懂课了。

关于这一点,也需家长多跟孩子谈心,让孩子明白,学习本来就是一个循序渐进的过程。没有人是一开始就能做到完美,大家都是先从犯错开始,不断修正,历经一个过程,才逐渐达到完美。

所以,家长要鼓励孩子有问题大胆提出来,不必害怕别人笑话。比起把问题憋在心里,造成将来真的无知,不如现在"丢一下脸",勇于承认自己现在的"无知",并快速消灭知识盲点,方能战胜未来的大考挑战。

但孩子多提问,也须学会留意提问的时机,避免陷入为提问而提问的误区,这样反而失去了流畅思考的能力。

5.3 遇到难题，为什么不要马上查询

"遇到问题要勤提问，多查工具书"，这是大部分老师和家长都曾对孩子提出的学习要求。事实上，鼓励学生一遇到问题就马上查询，有时并不一定是最佳的学习策略。

我们前面提到的清理桌面、给作业按照"易—难—易"排序、做作业前先冥想等方法，目的都是为了让孩子进入一种高度专注的学习状态。做作业过程中遇到了问题，如果马上中断去查工具书，很大程度上就会破坏这种专注的学习状态，影响作业的完成效率。

这就好比车正开在平坦的高速公路上，突然前面遇到一个大坑，不得不踩下急刹车，身体就会因刹车被安全带勒得有些生疼。

为了保持这种高度专注的学习状态，最好能够让大脑维持在一种能够持续解答问题的状态当中。因此，每当遇到难题的时候，如果在 3~5 分钟之内依然想不出解题思路，可先做好标注，先跳到下一道题。等把其他问题都答完了，再回头处理刚才的难题，此时就可以放心查询工具书或通过互联网搜索解题思路。

这样的做作业策略，与考试策略是接近的，能有效提高将来考试的现场发挥水平。如果平时做作业的过程中，孩子养成了一有问题就马上查询的习惯，到考试时，也会下意识地采取同样的策略。

正所谓"习惯成自然",当大脑已经习惯了有问题马上查询,而考试现场却不能查工具书时,大脑就会因为这种违背习惯的规则,而陷入卡壳状态,就会大大影响做题的速度和准确度。

所以,要想孩子把平时表现优异的作业状态也带到考试中去,家长就应科学引导孩子培养出全局框架思维:先抓整体,再抠细节;遇到问题可以先标注好,把大部分的题目做完后,再回头处理难题。

第六章

如何成为精力管理的高手

在前面的内容中我曾介绍过，很多孩子之所以作业拖拉，总感觉自己时间不够用，并不是真的时间不够用，通常是精力管理出了问题。

如果现在有人问：学习精力好是一种什么样的体验？我会告诉他我的观察：

① 每天总是精神焕发，走路双手摆动有力，健步如飞不拖地。

② 上课聚精会神，学习效率过人，考试成绩像开挂一样。

③ 心境乐观豁达，遇到问题不焦虑，也乐于帮助同学解决学习上的困难。

当中的第一条，或许大部分学生都不难做到，但第二、第三条就不那么容易做到了。事实上，少数人的精力好，确实有体质上的先天遗传优势。但对于大部分普通人来说，尽量延长每天好状态的时长，是需要通过后天的训练来改善的，直到成为自己的习惯。

而要想较长时间保持高度专注的学习状态，首先就要学会主动休息。

6.1 孩子学累之前,引导他这样主动休息

我曾多次给我的学员展示这样的照片,每每都会引起他们的共鸣和吐槽。如图 6-1 所示:

图 6-1 不堪重负的学习压力

取得好成绩,是很多父母对孩子的期望。学校为了推动孩子学习,也是煞费苦心。有些还在教室里张贴了各种激励学生奋发的口号标语,比如:

"宁掉十斤肉,不失半点分。"
"只要学不死,就往死里学。"
"要成功,先发疯,下定决心往前冲。"

而教育部基础教育质量监测中心发布的《中国义务教育质量监测报告》中指出,我国初高中生的近视率已超过70%,高居世界第一。相较之下,美国青少年的近视率约为25%,德国的在15%以下,澳大利亚的仅为1.3%。

戴眼镜,似乎已经成为"学霸"们的"标配"。如图6-2所示:

图6-2 高近视率的学生群体

然而,学生们学得那么辛苦,是不是成绩都能得到提升呢?答案显然是否定的。

有些学生做功课,会直到疲惫不堪的时候,才不得不休息。这样做不但有损身体健康,而且也不见得能有效提高成绩。而那些能够长期保持优良成绩的"学霸",都是会主动休息的人。

> 不会休息，就不会工作。
> ——列宁

什么是主动休息？就是在身体还没有很疲惫的情况下，科学有序地休息。

被动休息则是在身体已经出现超负荷，实在撑不下去之时，才不得不去休息。

2017 年发布的《中国中小学写作业压力报告》中的数据显示，我们国家中小学生每天课外写作业的时间是 2.82 小时，写作业时长超全球平均水平近 3 倍，居全球第一。

事实上，2.82 小时仅为平均数，很多学生每天做作业到半夜 12 点以后，早就超过 4 个小时，学业压力已不堪重负。

哪怕是这 2.82 小时的平均数，如果不会主动休息，真正能够高效吸收知识的时间比例也不会太高。为了提高学习效果，我们可以借鉴一项精力管理的工具——番茄工作法。

"番茄工作法"是意大利人弗朗西斯科·西里洛发明的一种高效时间管理术，他最初在训练自己提升专注力的时候，使用的工具是一个长得像番茄模样的定时器。于是，这个管理时间的方法就被叫作番茄工作法。如图 6-3 所示：

图 6-3 番茄定时器

研究表明,一个人的专注力,通常只能保持 25 分钟左右,超过 25 分钟,工作效率就会大大下降。如果这时候不停下来,勉强自己继续工作的话,效率会进一步下降。这就意味着,看似连续工作了很长时间,其中可能一大半时间都是比较低效的。

比如:在刚开始,工作效率是 100%,25 分钟后,就降至 60%。继续不停歇又工作 25 分钟,工作效率就进一步降至 40% 了。综合算下来,平均工作效率只有 60% 左右。如图 6-4 所示:

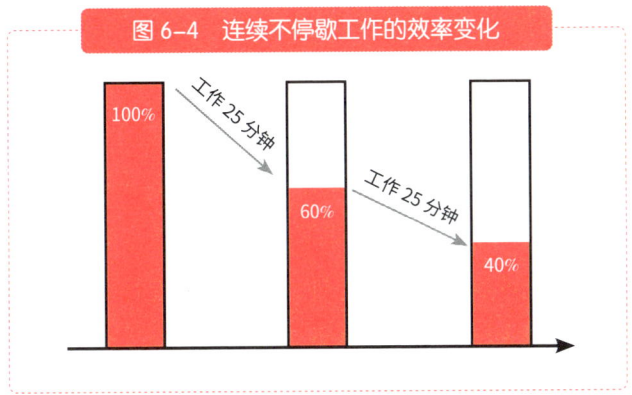

假如在工作 25 分钟之后,主动停下来休息 5 分钟,让自己的能量"满血复活",然后再继续工作,这时候就能保持比较高的工作效率,工作产出也更高。

比如:工作 25 分钟后,工作效率降至 60%,此时休息 5 分钟,"满血复活"后再继续工作(如图 6-5 所示)。

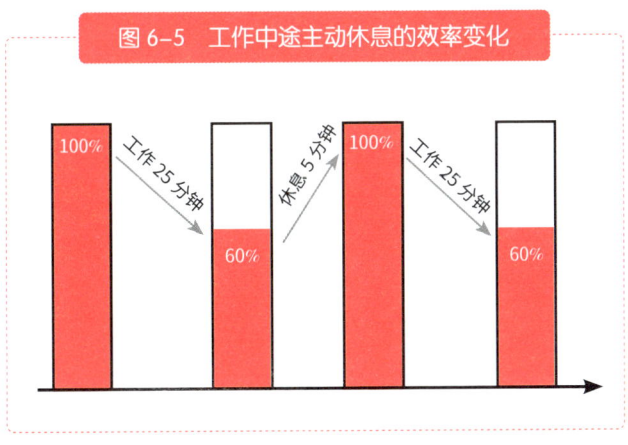

以此类推,工作效率就可以保持在 80% 以上的高位。综合算下来,每工作一小时,主动休息的方式,产出量要比不休息的方式高 20%。

弗朗西斯科发明的番茄工作法,就是在 25 分钟内,专注做一件事,这时候的效率是非常高的(每 25 分钟即为一个番茄钟)。25 分钟后,休息 5 分钟,让大脑和身体恢复到最佳状态。然后再工作 25 分钟,接着又休息 5 分钟。如此循环,连续工作 4 个番茄钟后,就休息半个小时。如图 6-6 所示:

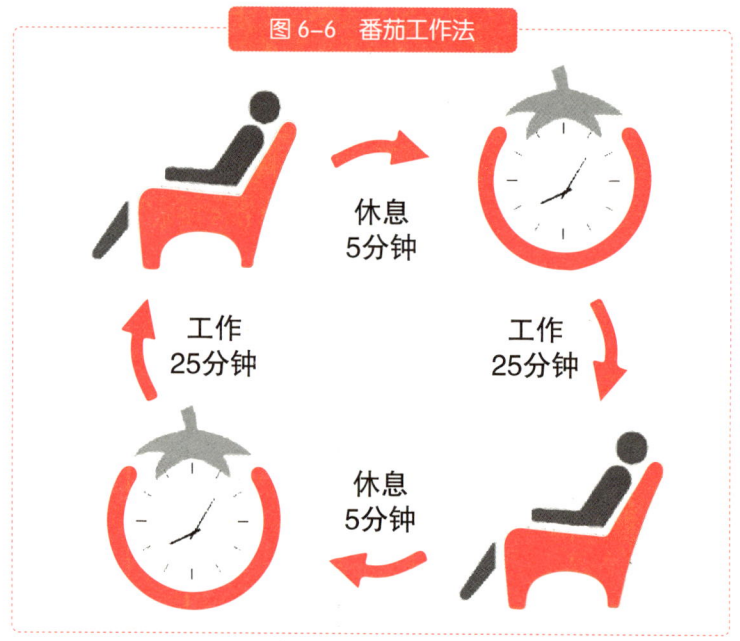

图 6-6 番茄工作法

番茄工作法现今正被很多职场人士广泛运用，取得了非常好的效果。而在青少年的学习当中，番茄工作法也是一个管理个人精力的高效工具。具体怎么运用呢？

在此前的案例中，我们教授过按照"峰终定律"，把当天的作业进行难度排序，以降低学习心理压力，提高完成的速度和愉悦感。如图6-7所示：

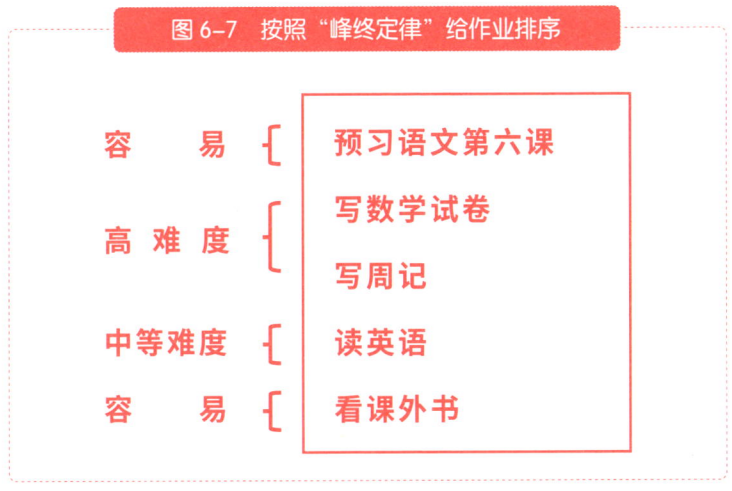

然后再根据个人情况，估算出完成这些作业大概需要几个番茄钟（比如：3个番茄钟），如图6-8所示：

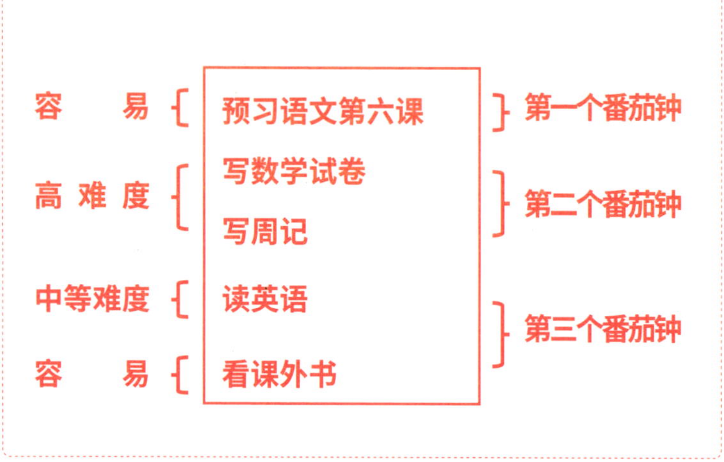

图 6-8　给作业预估所需番茄钟数量

- 容　　易 { 预习语文第六课 } 第一个番茄钟
- 高 难 度 { 写数学试卷 / 写周记 } 第二个番茄钟
- 中等难度 { 读英语 } 第三个番茄钟
- 容　　易 { 看课外书 }

如果某些作业的内容相对较少，可以与不同科目的作业融合放在同一个番茄钟里。比如：小明同学预习语文只需要10分钟，那他可以在预习完后，接着做一部分数学试卷，直到第一个番茄钟结束。休息5分钟后，再接着做剩下的数学试卷，并写周记。第二个番茄钟结束后，休息5分钟，接着再读英语和看课外书。

运用番茄工作法来做作业的时候，学生需要注意2个关键原则。

① 要排除一切干扰

在做作业之前，把跟作业有关的教材，笔记本、纸、笔等文具，字典等工具书，都准备好，放在桌面上。把其他不相关的物品，如漫画书、玩具、手机等，都先收起来，保持桌面清洁。以免在做作业的过程中，眼睛一看到玩具或手机，就忍不住拿起来玩。

② 要专注而不间断

番茄钟一旦启动，在这 25 分钟内，就要专注做作业，不要做其他事情，包括不要喝水，不要上厕所。若想喝水和上厕所，就要提前做，或等到中场休息 5 分钟的时候再做。

同时，家长也要给孩子一个专注的空间，在 25 分钟的番茄钟结束前，不要进房间打扰孩子，包括不要递水、送水果等。如果家里有些老人很心疼孩子，喜欢时不时进去看一下。父母也要提前跟老人说清楚，在孩子做功课时，不要去打扰孩子。

番茄工作法既是一个管理时间的工具，也是一个管理精力的工具，能够引导孩子在学累之前，就主动休息。我辅导过的学生在使用番茄工作法之后，每天做作业的时间通常可以节省 30～60 分钟，而且作业质量也提高了。

对于有些寄宿的学生来说，晚自习是一个非常重要的自主学习时间。虽然有时老师会占用晚自习给学生上课，但在大部分情况下，晚自习确实是一个锻炼学生将学习效率发挥到极致的好机会。

6.2 晚自习更适合解大应用题，还是更适合做背诵记忆

对于很多学生来说，晚自习是用来做作业的最主要时间。而在所有作业类型当中，解大应用题和背诵，是占用学生时间比较长的作业任务。

解大应用题费脑，有时光是想解题思路，就会耗掉学生20分钟的时间，如果当天有3道这样的大题作业，1个小时很快就过去了。

而背诵，尤其是背语文课文和英语单词，也是令很多学生抓狂的任务。前者篇幅长，后者数量多，"背了又忘"总是在挑战学生的耐性和信心。

那么，从精力管理的角度来看，晚自习时间更适合用来解大应用题，还是更适合做背诵记忆呢？

答案是：因人而异。

有些学生在晚自习时，头脑更活跃，思维更敏捷，此时进行解大应用题是非常好的。有些学生在晚自习时间，经过一整天的学习，已经有些疲惫，做大应用题这种高强度用脑的作业，会感觉头脑像爆裂一般，此时可调整为进行相对难度较低的背诵记忆。

还有一些学生，会借鉴"峰终定律"的原理，将解大应用题和背诵结合进行。我们来看一个案例：

小廖是我曾辅导过的一位学生。某天他在晚自习期间，

需要完成 5 道关于"一次函数"的应用题，同时要背一篇语文古诗文《关雎》和 30 个英语单词。

他首先分析了这些作业难度，并评估了所需的时间，如表 6-1 所示：

表 6-1　分析作业难度和所需时间

作业任务	难度评估	预估时间
5 道"一次函数"应用题	高难	60 分钟
背诵《关雎》	中难	30 分钟
背 30 个英语单词	中难	30 分钟
合计		120 分钟

然后，他又将作业进行进一步的细分，以降低心理难度，并依据"峰终定律"的原理，将各项作业任务进行重新排序，如表 6-2 所示。

未按"峰终定律"进行排序前，小廖预计要花 120 分钟才能完成所有学习任务，加入主动休息后，状态始终保持在较高的效率状态，花费的总时间反而减少至 108 分钟。节省的这 12 分钟，已经相当于提升了 10% 的学习效率。

表 6-2　大任务细分成小任务并按照"峰终定律"重新排序

作业任务	难度评估	预估时间
背 10 个英语单词	容易	8 分钟
2 道"一次函数"应用题	高难	20 分钟
主动休息		3 分钟
背 10 个英语单词	容易	8 分钟
2 道"一次函数"应用题	高难	20 分钟
主动休息		3 分钟
1 道"一次函数"应用题	中难	8 分钟
背诵《关雎》	中难	30 分钟
背 10 个英语单词	容易	8 分钟
	合计	108 分钟

提升 10% 的学习效率,在一两天内或许看不出太大区别,但假如一年 365 天都比以往提高 10% 的学习效率,"积沙成塔"的效果就会显现出来了。

有些孩子在老师和同学眼中突然逆袭,成绩突飞猛进,并不是什么"见证奇迹的时刻",而是他背后也做了较长时间的准备,水滴石穿般地积累到一定程度后,才在别人面前展现出爆发式的结果。

第七章

3招让孩子变得"好想学习"

"近朱者赤，近墨者黑"，这句话说明，环境对一个人的成长有着重大的影响。比如：家长爱学习，孩子大概率也爱学习。学校风气好，学生大概率也爱学习。

古有"孟母三迁"，也正说明了环境对孩子成长的重要性。有人曾这么评论：最好的"学区房"，其实就是自家的书房。这也是表明，创设良好的家庭学习环境，才能让孩子最大限度地遨游在知识的海洋中。

除了心跳和呼吸，人的所有本事和技能，基本都是需要后天的学习才能获得的。而学习的本质，就是"有样学样"。因此，孩子的学习方式，就是从模仿身边人开始的。

而物以类聚，人以群分。孩子跟什么人做朋友，也会被朋友的某些特质所影响，成为类似的人。

7.1　靠近牛人，自己也会变成牛人

在孩子身边，总会有一些令孩子敬佩的人，比如：考上了名校的表兄或表姐、在世界500强公司任高管的舅舅、吹笛子特别棒的小姨等。多让孩子跟这些有本事的亲朋接触，能够潜移默化地对孩子的学习产生良性推动。

另外，孩子班里面会有些学习成绩特别好，同时也乐于助人的学霸，家长多鼓励孩子跟这样的同学交朋友，也会对孩子有较好的促进作用。

比如：想学好语文，就多跟语文学得好的同学一起交流；想突破数学，就多向数学尖子生学习；想身体强壮，就多跟班里的运动好手一起玩⋯⋯

大多数情况下，孩子班里某个科目学得最好的人是谁？是老师！所以，多向老师请教，也是最快速、最有效地提高成绩的方法之一。

而有些孩子性格相对比较内向，不太愿意主动跟别人交流说话，家长和老师可以鼓励他们多读一些名人传记，这也是帮助其培养积极信念的好办法。

很多名人都是从曾经的失败中走出来的，他们的经历和经验，对我们都有着很大的启发。阅读名人的传记（如图7-1），学习他们的信念和借鉴他们的方法，可以让我们尽量少走弯路，更快成功。

图 7-1 阅读名人传记

名人在成功之前，也和你我一样，是一个普通人。他们之所以会成功，是因为他们相信自己会成功。

请引导你的孩子在下表中列一个名人传记书单，就从今天开始，不断从名人的故事中汲取成长的能量吧！

你曾读过了哪些名人的传记？

你计划去读哪些名人的传记？

7.2 培养一项"特别长"的特长

每一个孩子都是一个拥有独立个性的生命体,努力学习,固然是其成长过程中的重要组成部分,但我们不能把孩子培养成只会做作业的机器,也要培养他成为一个志趣广泛的现代人。

老话常说:兴趣是孩子最好的老师。但这里有个前提,只有孩子在学习的过程中看到了自己的进步,兴趣才会产生向前的推动力。假如父母无法接纳孩子"一开始做得不好"的事实,只是盯着孩子没做好的地方,吝啬于赞扬孩子取得的进步,那孩子也会很快失去兴趣,将来任父母如何打骂都会于事无补。

总而言之,我们要帮助孩子把"兴趣"培养成"特长",这样才会让孩子产生源源不断的学习动力。

特长,就是日积月累的进步。如果只问孩子喜不喜欢,却没有持续的精进记录,孩子很快也会失去兴趣。从这个角度来看,兴趣其实不算是孩子最好的老师,进步才是激励孩子进步最好的老师。

我研究青少年提分超过 20 年,发现有些孩子到处补课,成绩还是没有多大长进。我曾多次向前来找我做辅导的家长提问:您的孩子有什么特长?超过半数的家长说不出,孩子自己也感觉自己没有什么特别突出的地方。如果没有拿得出手的特长,孩子的自信又从何而来呢?

如果有人问我，什么样的人生比较精彩，我会说："至少在回首往事时，不因虚度年华而懊悔，也不因碌碌无为而愧疚。"

所以，当孩子成绩不好，对自己的能力没有自信时，家长不要急于报太多补习班，把孩子的时间全部占满，而是应给孩子做减法，让他先聚焦在一个科目或兴趣点上，想办法把它做到极致。

这么做之后，在他的生命中，就会出现一个值得他回味的"高光时刻"，将来他在遇到挫折的时候，也会有汲取能量的来源。

若家长想给孩子多报班，建议就在幼儿园和小学低年级的时候多报。舞蹈、器乐、口才、书画、手工、棋类、轮滑等等。只要你眼光够长远，经济也允许，不妨大胆地去进行多种尝试。

因为这个年龄段的孩子没有太多学习成绩的压力，有时间、有精力去尝试各种东西。但要切记，报班的目的，不是非得掌握什么，而是观察和记录孩子的兴趣和天赋所在。

通过 1~2 年的体验和筛选，基本就可以看出孩子在哪些领域比较有天赋，然后精选 1~2 项，目标明确地潜心练习 3~5 年以上。

聚焦培养孩子的一项才能达到极致，让他有非常强、非常牛的认知，最好是自信满满，满得都要溢出来的那种。

只有那种"舍我其谁"般的自信，才能让孩子有能力扛住未来一次又一次的打击与挫折，每次依然能够自己爬起来向前进。

那种什么都学，什么都不精通的"全面发展"，最终极可能会让孩子流于平庸。

如果等到小学五六年级才进行这样的特长训练，因为面临小升初的学业压力，大多数孩子通常不得不放弃特长的培养。

如果孩子已经到了小升初的阶段，甚至已经上初中，正承受着倍增的学业压力，已经没有时间去培养兴趣怎么办？

这种看法也是一个重大的认知误区。兴趣培养是随时随地可以启动的。包括演讲、钢琴、书画等，也有面向成人开设的兴趣班。在各地的老年大学里，这类兴趣班还常常爆满。说明兴趣学习的需求，是可以伴随一个人终生的。

若想让孩子真正爱上学习，就不要让孩子过上那种全年无休的补课生活。要想获得持续稳定的提分，理应让孩子学有所得，学有所乐。

真正高效的学习，不在"多"，而在"精"，最好能养成每天输出的好习惯。

7.3　每天给别人讲解一道题

心理学家研究发现，当给别人提供帮助之后，会让自己感到快乐。

比如：在公交车上让座、扶老人过马路、带领迷路的儿童回家……你提供的帮助也许并不起眼，但在接受过你帮助的人心中，也许正是你这轻轻的一笔，改变了他们的生活。

美国气象学家爱德华·诺顿·洛伦兹在他的论文中说过：一只南美洲亚马孙河流域热带雨林中的蝴蝶偶尔扇动几下翅膀，可以在两周以后引起美国得克萨斯州的一场龙卷风。

原因就在于蝴蝶扇动翅膀，使得其身边的空气发生变化，并产生微弱的气流。这些微弱的气流进而又会引起四周空气或其他系统产生相应的变化，并引起一系列的连锁反应，最终导致其他系统的极大变化。

这就是著名的"蝴蝶效应"。这一理论说明最初一个不起眼的小举动，也能引起一连串的巨大反应。

就像蝴蝶效应那样，每帮助别人一次，你就会收获一种成就感，感觉自己就像是命运的赐予者一般。

同样的，多鼓励孩子从小事做起，如每天做完基本作业后，给别人讲解一道题，这也是借助了"蝴蝶效应"的理念，让孩子通过帮助别人，让自己收获喜悦，收获自信。

给别人讲解的题，最好是跟孩子当下所学的知识相关，这样在讲解的过程中，孩子也同时梳理了自己对相关知识点的理解，实现学以致用。

这里所说的"别人"，可以是家长，可以是同学，甚至可以是对着镜子里的自己讲。

对于学习自觉性略差的孩子来说，家长或老师可以引导他们成立学习小组，小组成员通过互相讲解一道题，营造互帮互助的良好学习氛围。

当然，我们所说的每天讲解一道题，并不是指每天只能讲一道题，有能力的话，多讲几道也无妨。只定"一道题"的目标，其本意是降低任务量，让孩子能够轻而易举地完成，更有利于他们坚持下去，并养成习惯。

第八章

筑起孩子抵御挫折的"自信防护罩"

俗话说得好：信心比黄金更宝贵。如果家长某一天看到孩子耷拉着头，闷闷不乐地回到家，一声不吭地关起自己房间的门，怎么喊也不出来，请不要怀疑，孩子的信心必定受到了某种程度的打击。这时候，无论家长怎么催促孩子去做作业，效果都是微乎其微的。

在取得好成绩，进入心理自我认可的正循环之前，学生通常会在学习上遇到各种各样的挫折，比如：听不懂某些知识概念、背不会课本上的单词、解不出试卷中的应用题等。

这些挫折，对学生的自信都是一种损耗，如果学生无法解脱出来，其学习动力也会逐渐消耗殆尽，无法再坚持下去。

一个人不自信，就好比把自己的内心锁了起来。家长需要做的是打开孩子内心的锁。一把钥匙配一把锁,只有找到那把适合孩子的钥匙,才能打开通往内心阳光圣地的大门。如图 8-1 所示:

图 8-1 总有一把钥匙属于自己

8.1　人不自信的起源是什么

不自信，到底是天生的，还是后天的？

这个问题，估计两种答案都有人赞同。

事实上，不自信，是人类百万年进化中产生的一种本能。

对于人类而言，生命是最宝贵的东西，如果命都没有了，理想又从何谈起？

在当今的社会，如果你饿了，披个外套，套上拖鞋，"噔噔噔"跑到楼下的小卖部，就能买到足以让你吃饱的面包、牛奶和烤鸡腿。如果你不想下楼，打开手机点个外卖，然后躺在沙发上刷刷手机，半个小时后就有快递小哥敲门，给你送上可口的饭菜了。

而在几百万年前的原始社会，人类生存的环境，处处都充满了危机。一不小心，就会丧命！

原始人每次出去打猎，都会衡量一下自己跟野兽之间的力量和速度对比，如果感觉自己这一边的胜算不大，就会产生畏惧的心理，就会退缩。用现代人的话来说，就是"怂了"。这种畏惧退缩的心理情绪，就是人们常说的"不自信"。

打得过才打，打不过就跑，这才是一个正常人的行为表现。毕竟，留得青山在，不怕没柴烧。

网上有句话是这么说的：死得早的，通常都是不怕死的。这句话听起来带点戏说的味道，但其实也是符合人类进化理论的。

如果一个原始人明知打不过这只野兽，还非要冲上去拼命，结果把命给丢了，那他的基因自然就无法传承下去。而那些经过谨慎判断，知道自己打不过，所以选择先躲起来的原始人，就成功地逃过了危机，然后成功地繁衍了后代，他的基因也就得到了传承。

久而久之，这种优胜劣汰的策略，经过上百万年的进化发展，就深深地扎根在人类的基因当中了。

所以，要想获得真正的"自信"，你首先要引导学生接纳"不自信是正常的"这个理念。从这个角度来说，"不自信"不应该是一个贬义词，而更像是一个中性词。

那人又是如何获得"自信"的呢？

假设你在小区里散步，前后5分钟分别遇到两只狗向你狂吠。一只是体形高大、肌肉健壮的卡斯罗，另一只是体形娇小、全身绒毛的小泰迪，你的反应会有什么区别呢？两只狗的体形对比如图8-2所示：

图8-2 大型犬和小型犬的身形对比

遇到卡斯罗时，你的反应可能是心里一颤，远远地就绕道而行了。遇到小泰迪时，你的内心可能会有一丝的不屑："切，不自量力。"然后大摇大摆地从它面前走过去。

也就是说，面对卡斯罗时，你是不自信的；面对小泰迪时，你又是自信的。这两种不同的反应，都是你的大脑在对对方进行了力量对比之后，瞬间做出的决策。

所以，所谓"自信"与否，只不过是看你所面对的问题，是不是你能力范围内可以解决的。如果是，你就会自信，如果不是，你就不自信。

创建了阿里巴巴的马云，谈商业时他是自信的，如果让他跟世界冠军孙杨比游泳，那他很可能是不自信的。

所以，你要想拥有自信，不要陷入"我为什么那么不自信"的念头中，而是要静下心来思考一下，你希望在什么领域拥有自信。这就是"陷入迷宫的思维"和"方向清晰的思维"之间的对比，如表8-1所示：

表 8-1 不同思维的对比

陷入迷宫的思维	方向清晰的思维
我为什么那么不自信	我要在＿＿＿＿＿＿上拥有自信

比如，学生希望在某一科目上拥有自信，就可以在纸上写下：

我要在数学科目上拥有自信。
我要在语文科目上拥有自信。
我要在画画上拥有自信。

如果选择了数学科目，还可以再进一步划分，继续写下：

我要在代数上拥有自信。
我要在几何上拥有自信。
我要在解方程应用题上拥有自信。

如果选择了语文科目，则可以划分后写下：

我要在基础知识上拥有自信。
我要在文言文上拥有自信。
我要在作文上拥有自信。

而对于画画，则可以写下：

我要在素描上拥有自信。
我要在水彩画上拥有自信。
我要在画漫画上拥有自信。

当学生想清楚自己希望拥有自信的领域是什么时，才会在这个领域上加大投入时间和精力，提高自己的能力。原来觉得难的东西，就会慢慢变容易，学生的自信就自然而然地产生了。

作为一名学生，那你最希望自己在哪些方面拥有自信呢？拿起笔来，先写出 3 项。

① 我要在_____上拥有自信。
② 我要在_____上拥有自信。
③ 我要在_____上拥有自信。

选择了最想建立自信的领域后，从"不自信"到"很自信"的整个过程，并非总是一帆风顺的。假如给一个人的自信高低程度赋予数值，并用曲线图来呈现每天的变化，它就会像股市一样，有起也有伏，如图 8-3 所示：

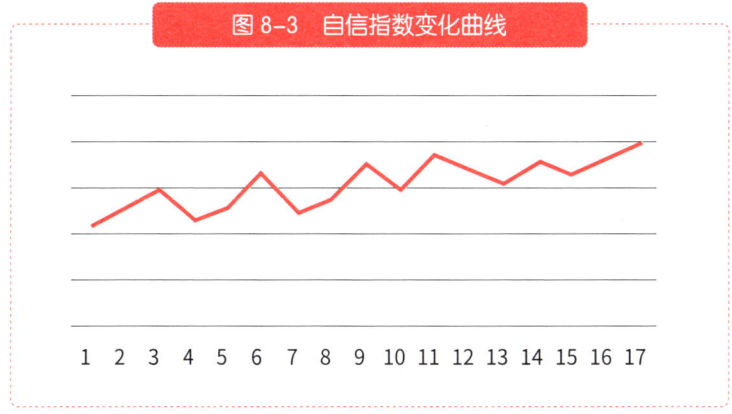

一个人的自信获得提升，通常是因为自己所做的事情或行为获得了肯定；而自信度下降，也通常是自己所做的事情或行为遭到了否定。但在现实生活和学习中，很多学生会错把"否定"与"反馈"混为一谈。

8.2 学会区分"否定"和"反馈"

当学生听到老师对自己说"这道题你做得不对"或者听到同学这么说"你能不能别那么磨蹭"时,他会认为对方是在进行"否定"式的评价,还是仅仅给予了一个正常的"反馈"呢?

有一个词,形容一个人过于敏感,叫作"玻璃心",一碰就碎了。

有一些学生,考试成绩好,就欣喜若狂;考试成绩差,就悲伤沮丧。情绪跟着分数走,这样是无法获得长久的自信的。

要想摆脱这样的困扰,就要学会合理区分"否定"和"反馈"。

"你怎么那么笨,这点小事都做不好。"这是否定,还是反馈?

一般人的第一反应是否定,这话听起来就很让人难受。而且还会认为对方很不友好,尤其当这些话是出自父母、老师、同学等最亲近的人嘴里的时候。

你无法控制别人不那么说,但你可以控制自己怎么想。你可以自己决定在听到这样的说法后,是暴跳如雷还是生闷气,或是稳若泰山,不卑不亢地回应:"我具体是哪个地方还需要改进呢?"

对方听你这么一说,或许会有些震惊,可能还会为自己刚才的话而懊悔。这就是一个人的主动权,它可以成功地将别人的"否定",转化成让自己进步的"反馈"。然后,通过继续追问,让对方给予更多细节上的反馈。只要你解决了具体的问题,你就又提升了一点点。每天都进步一点点,长此以往,一定会收到意想不到的奖赏。

这是一种跟常人不同的思维方式,通过识别出自己的心智模式,将负面的打击变成正面的反馈和提醒。做到这一点,学生就不会再纠结于别人说什么了,而会把精力放在让自己变得更好的事情上。

为了增强这种积极的心智模式,我通常会引导学生用书面的形式,来重新梳理对自己的正面认知。

8.3 列一份喜爱自己的清单

很多时候，不是学生本人不够好，而是其认为自己不够好。

运用"反证"的手法，只要引导他找出自己好的证据，他就会认为自己足够好。

具体做法是：列一份喜爱自己的清单。

一个爱自己的人，又怎么会不自信呢？当然，过度自恋的除外。所以，学生在列这份清单的时候，要秉持实事求是的原则，所列的事情应是真实存在的，而不是打鸡血式的口号。我们先来看一个案例：

小芳的父母觉得自己的孩子不够自信，就送小芳去参加了一次励志夏令营。在夏令营中，教练给大家讲了许多励志故事，又带大家做了许多团队游戏，喊了许多的励志口号：我是最棒的！我绝不放弃！我一定会成功！

在这样的氛围当中，大家变得像打鸡血式的亢奋，小芳也觉得自己有了一种由脚底冲向头顶的振奋感。夏令营结束当天，教练的一番励志感言，将活动推向了高潮，营员们和赶来参加结营仪式的家长们，热烈相拥，抱头痛哭。

励志夏令营结束了，开学后又回到了熟悉的学校生活，慢慢地，激情退却，小芳反倒感觉越来越糟糕了。"为什么学校的老师同学们，就不像夏令营中的团队那样，充满了支持和鼓励呢？"小芳越想越郁闷。

小芳的故事，也侧面表明了理想与现实的差距。

作为一个普通人，大家是很难自由选择外部环境的。我们所向往的那种"人人为我，我为人人"的美好，在现实生活中，是稀缺的（并非绝对不存在，而是不会轻易自动出现）。我们如果希望得到它，就得用自己的能力去争取。

那么，一个人到底是因为有了自信，才变得更好；还是因为变得更好了，才拥有自信？这似乎又是一个"先有鸡，还是先有蛋"的问题。

外部环境是可遇不可求的，换句话来说，外部环境通常是学生无法掌控的事情。那什么才是他们可以掌控的呢？

答案是：内心环境。

一颗强大的内心，不是靠喊"我是最棒的"这样的口号就能拥有的，关键是要有证据。列喜爱自己的清单，就是在展示证据。

列喜爱自己的清单，通常包括以下三个方面：

① 做过哪些自己喜爱的事。
② 遇到过哪些喜爱你的人。
③ 想得到哪些喜爱的奖励。

小芳经历了夏令营的"理想"与回到学校后的"现实"之间的冲击后，曾经一度变得很没有动力，学习上也提不起精神。每天放学回家，作业也是应付地做，常常磨蹭到晚上

11 点多才勉强完成，作业质量也不高。

后来她的妈妈经过朋友介绍找到我，我就给她推荐了这个"列喜爱自己的清单"。经过一番引导，小芳列出了属于自己的清单，如表 8-2 所示：

表 8-2 "列喜爱自己的清单"范例

做过哪些 自己喜爱的事	遇到过哪些 喜爱你的人	想得到哪些 喜爱的奖励
在公交车上让座	幼儿园的莫老师	一套彩铅笔
参加市里的漫画比赛	3 岁时去公园玩，有位阿姨夸我懂事	评上市"三好学生"
自己学会了骑自行车	小学四年级的同桌小熙	总分进入全班前 5
第一次做番茄炒蛋	二舅	去海南旅游

当小芳列好清单，递过来给我看的时候，我能明显看到她那欣喜而又自信的神情。

车要保养才跑得快，宝剑要常磨才锋利，人的自信也是要做好"保鲜"工作的。

所以，我建议小芳回去后，把"喜爱自己的清单"升级为 2.0 版的"月度清单"，即每个月都列出在这个月里，新做了哪些自己喜爱的事，新遇到了哪些喜爱自己的人，还想得到哪些新的奖励。

一年12个月，每个月都有新的收获，人就会变得越来越自信。因为这些都是自己的真实经历或期望，比起那些空泛的口号，这样的清单，才会增强一个人最真挚的信心。

所以，家长回家可以跟孩子聊一聊，引导他发现"喜爱自己的清单"是什么。拿起笔来，现在就列一列。

减负不减分

青少年高效学习指南

快马 ◎ 著

减压应试篇

北京出版集团
北京出版社

图书在版编目（CIP）数据

减负不减分：青少年高效学习指南. 减压应试篇 / 快马著. — 北京：北京出版社，2022.2
ISBN 978-7-200-16364-3

Ⅰ. ①减… Ⅱ. ①快… Ⅲ. ①学习方法—青少年读物 Ⅳ. ① G791-49

中国版本图书馆 CIP 数据核字（2022）第 012564 号

减负不减分
青少年高效学习指南·减压应试篇
JIANFU BU JIANFEN

快马　著

出　　版	北京出版集团 北京出版社
地　　址	北京北三环中路 6 号
邮　　编	100120
网　　址	www.bph.com.cn
总 发 行	北京出版集团
经　　销	新华书店
印　　刷	三河市嘉科万达彩色印刷有限公司
开　　本	880 毫米 ×1230 毫米　　32 开本
印　　张	4.25
字　　数	81 千字
版 印 次	2022 年 2 月第 1 版　　2022 年 2 月第 1 次印刷
书　　号	ISBN 978-7-200-16364-3
定　　价	99.80 元（全 3 册）

质量监督电话 010-58572697　58572393
如有印装质量问题，由本社负责调换

前　言

1个月成绩暴涨80分，意料之外，情理之中

晚上7时许，我正坐在电脑前准备暑期新班的开课资料，电脑屏幕右下角的微信图标突然闪动起来，我点开一看，是一位学员的妈妈给我发来了信息（如图0-1所示）：

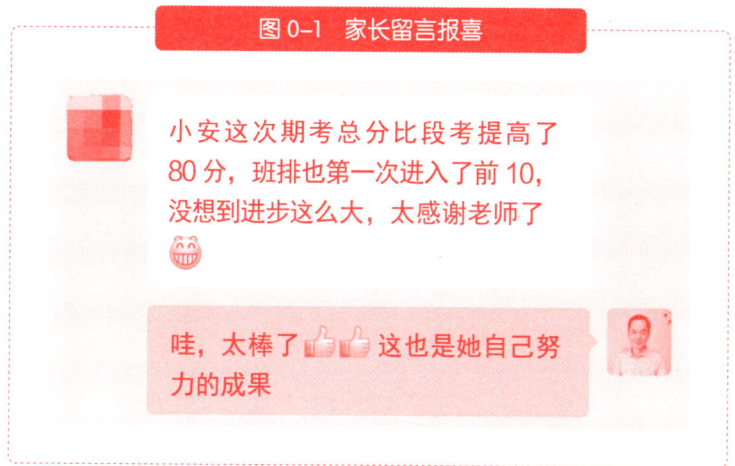

图0-1　家长留言报喜

小安当时正上初一，她妈妈是通过朋友的介绍找到我的。

小安在整个小学期间，成绩都很不错，大大小小的考试测验中，语文、数学、英语这3门主要科目的成绩，很少有低于95分的，而且差不多有一半的考试能拿到99分或100分（每科的满分为100分）。哪怕偶尔状态不佳，发挥失常，考了80多分，但下次调整好状态，很快又能重回95分以上。

但自从小学毕业升上初中以后，情况发生了变化。无论是月考，还是期中考、期末考，小安的成绩在此期间一路下滑，语数英3门科目都掉到了90分以下（初中每科的满分为120分）。道德与法治、历史、地理、生物等其他科目（每科的满分不一，居于60~100分之间），也都只能拿到70%左右的分数，有时甚至只能拿到60%左右的分数。

看到这样的状况，小安妈妈自然十分着急，赶忙给孩子报了语数英的补习班，不辞辛苦地接送孩子上下课。补了一个多学期，小安的成绩还是没有什么变化。小学时曾经那么优秀，初中加倍努力之后，成绩却得不到改善，小安开始怀疑自己的能力，并出现了厌学情绪。

有时小安妈妈推开小安的房门，看到孩子没在做作业，而是在看漫画书或玩别的东西，就会提高音量催促几句："你得赶紧做作业，不然你的成绩怎么上得去呀？"催促多了之后，小安也开始变得不耐烦，不时会把妈妈的话顶回去："好了好了,我知道了,你不用管我,我自己会安排的。"

小安妈妈也看过一些关于家庭教育的书籍,因此判断小安进入了"叛逆期",于是变得小心翼翼,生怕一下子把孩子逼急了,小安做出什么极端的行为。毕竟,新闻上那些孩子因为学习压力大而自残的报道,并不少见。

但无奈孩子的成绩老是上不去,小安妈妈也是倍感焦虑。我们在见面之前,先在微信上做了沟通,小安妈妈就曾表示她因为孩子的学习问题,身体也变差了,最近不得不去看中医调理身体。

我特别理解小安妈妈当时的感受。天下父母,很少有不为孩子的学习而操碎了心的,尤其是看到孩子成绩不理想,却不知道该如何有效解决时,这种感觉就像是你后背刚被蚊子叮咬完,但臂膀昨天刚不小心扭伤,此时你很想把手弯到后背抓抓痒,但臂膀却痛得厉害。这种要么痒要么痛的状况,着实令人难受。

小安妈妈当时就处于这样的两难状况:不催促的话,孩子的成绩还要往下滑;催促多了,又怕破坏亲子关系,让孩子更厌学。在沟通的过程中,小安妈妈就表示:"不提学习的时候,我和小安像朋友一样,无话不说;一谈起学习,她就炸了,巴不得让我赶快走开。"

小安的这种情况,并不是个例。在我辅导过的学生当中,小升初或初升高之后,成绩突然大幅度下滑的,占到了40%左右。这其中有客观原因,也有主观原因。

客观原因很简单：学习变难了。

据统计，上大学之前，在整个基础教育阶段，知识量的分布是不均匀的。小学的知识量占比比较小，初中的知识量则是小学的 3 倍，高中又是初中的 3 倍。如图 0-2 所示：

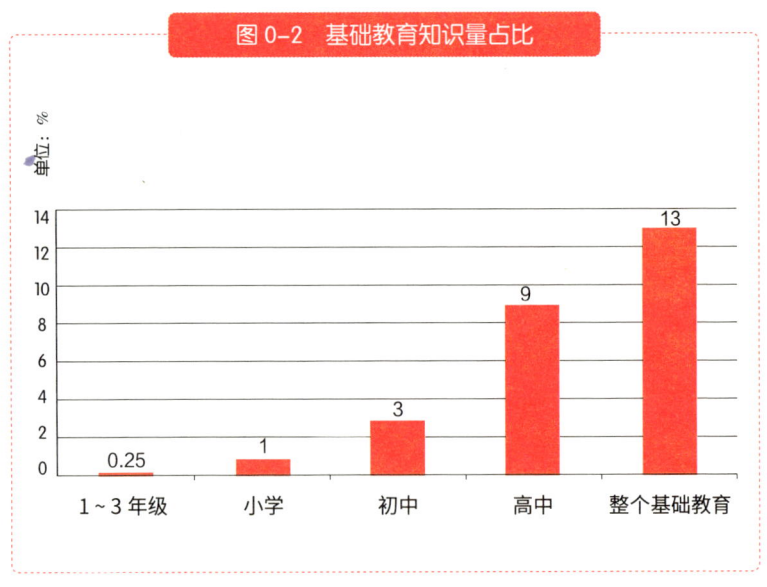

所以，当小安升上初中之后，第一年的知识量，就差不多相当于整个小学 6 年的知识量。如此巨大的增幅，难怪不适应。

那主观原因是什么呢？

就是因为学习策略和学习方法没有同步进行升级。

知识量及学习难度的增长，是学生无法改变的。学生唯一能改变的，是升级自己的学习策略和学习方法，提高学习效率，花同样的时间，甚至是花更少的时间，来拿到更好的成绩。

在第一次见面做咨询的时候，我问过小安，上初中之后，每天做功课要做到晚上几点。小安的答复是：11点左右，有时甚至到12点以后，而小学期间通常在9点前就完成功课了。如果初一的功课就要做到晚上11点，那到了初二、初三，功课肯定会变得更难，还能再熬到几点呢？

有一段顺口溜是这么形容小升初后的孩子的：

初一相差不大，

初二两极分化，

初三天上地下！

这也是小安妈妈给孩子报了补习班但效果也不好的原因之一。因为效率没有改变，仅仅靠延长学习时间，并不能有效解决"知识量增长"与"学习效率低"之间的矛盾。

有些学生通过补课，确实也提高了一些成绩，但一停止补课，成绩马上又下滑了。这就说明，某些补习班的作用，只是延长了学习时间，并没有从根本上解决学习效率的问题。

所以，对于小安妈妈来说，从开始找我做辅导，到孩子的期末成绩出来，也不过短短 1 个月时间，总成绩就提高了 80 分，有了大幅度提升，确实是意料之外。因为之前报过各科的补习班，都没有这样的效果。

但对于我来说，这样的结果，也是情理之中。因为我所做的，并不是将课本知识填鸭式地一股脑儿塞给小安，或是让她盲目地大量刷题，而是先教给她各类有助于提高学习效率的策略和方法。

在我的人生哲学中，我并不赞同"学海无涯苦作舟"式的努力。因为对于大部分学生来说，"苦学"并不是一个最优的选择。毕竟，"吃苦"是不符合人性的一件事。我更提倡"学海有涯乐作舟"，要通过提高学习效率来拿成绩，而不是单纯地通过延长学习时间来拿成绩。

事实上，通过我的优化，小安每天做功课的时间逐渐缩短，晚上 10 点前就能完成，这也为她提前上床睡觉提供了可能。由于确保了第二天有足够精神听好课，小安做作业的效率又进一步得到提升，从而进入了一种良性循环的学习状态。

在本系列丛书中，我将从以下三大板块，向大家阐释一些可以帮助学生提高学习效率的秘诀：

1. 专心听课篇
2. 轻松作业篇
3. 减压应试篇

在我 20 年的教学生涯中,陪伴孩子来做辅导的家长有 90% 都是妈妈。可以这么说,孩子成绩好,妈妈不焦虑。培养一个爱学习、会学习的孩子,也是在为创建一个和谐幸福的家庭做贡献。

目 录

第一章　孩子很努力，为什么成绩还是停滞不前 / 3

1.1　目标设得对，努力才不会白费 / 8

1.2　90% 的孩子都有想法，但没有目标 / 10

1.3　判断"好目标"的 5 个指标 / 12

第二章　3 个步骤打造一个高分学习目标 / 17

2.1　造一个令人振奋的梦想 / 21

2.2　画一条清晰的成功路线 / 25

2.3　最小化每一个行动任务 / 29

第三章　考试是对学习质量的检验 / 33

  3.1 成绩最好的学生，通常不是学习最"刻苦"的 / 37

  3.2 长期主义者和短期主义者的成绩对比 / 43

  3.3 考试时为什么会出现记忆堵塞 / 46

第四章　明明学过，为什么考试时就想不起来 / 49

  4.1 学过就忘：这才是大脑记忆的真相 / 52

  4.2 普通人有必要做到"过目不忘"吗 / 54

  4.3 大脑记住所学知识的生理过程 / 57

  4.4 考试时如何应对"想不起来"的状态 / 59

第五章　"逢考必赢"的临场发挥技巧 / 63

  5.1 如何改善一进考场就紧张的体质 / 66

  5.2 考试时先做哪些题，拿分效率最高 / 69

  5.3 答完题如何检查，能尽量避免丢冤枉分 / 72

第六章　考完试不是结束，而是新的开始 / 75

6.1　分数条的意义：只有反馈，没有失败 / 78

6.2　学神的选择：重视学习过程，看淡考试结果 / 80

6.3　90% 的错题本用起来效果差的根本原因 / 82

6.4　从 60 分到 90 分，用"摘苹果理论"打造高效错题本 / 85

第七章　养成好习惯的前提，是先提高学习效率 / 87

7.1　每天刷题到半夜 12 点是不是好习惯 / 91

7.2　如何摆脱很努力，成绩却还是不见涨的困境 / 93

7.3　父母不断催促，能缩短习惯养成的周期吗 / 97

第八章　几乎不会失败的微习惯养成法 / 101

8.1　坚持下去的第一要素：我愿意 / 105

8.2　坚持下去的第二要素：够简单 / 108

8.3　进度可视化：让人欲罢不能的习惯"催化剂" / 111

8.4　判断孩子已经养成习惯的两大指标 / 117

后　记　不要相信我，你要亲自验证 / 119

减压应试

高效提分的加油站

学得好不好,考试来验证。但错误的考试策略,对成绩的提升反而会起到反作用。正如打仗之前要制订战略战术,要想轻松拿到好成绩,也需要制订高效的应试策略。

第一章

孩子很努力,为什么成绩还是停滞不前

养兵千日，用兵一时。家长看到自家孩子努力学习了那么长时间，自然也希望他能在考试中拿到不错的成绩。但有的时候，理想很丰满，现实很骨感。

"我的孩子其实很努力了，每天晚上做作业差不多到12点，周末也报了补习班，但成绩还是不好，我都不知道该怎么办了。"小蒙的妈妈在第一次来找我做咨询时，就满脸愁容地向我诉说孩子学习上的"苦旅"。

从小蒙妈妈口中得知，小蒙这样全年无休的补课生活，已经持续一年多了，但成绩依然停滞不前。

在给小蒙做学习分析诊断时，我了解到他每天花在各科目上的学习时间，几乎已经安排到了极致（如表1-1所示），但成绩并未得到相应的提升。

表1-1 小蒙各科目的学习时间和成绩统计

科目	平均每天花费时间	平均成绩水平	卷面满分
语文	2小时30分钟	80分左右	120分
数学	2小时40分钟	30~40分	120分
英语	1小时20分钟	30~40分	120分
物理	1小时	70~80分	100分
化学	1小时05分钟	60分左右	100分
政史	1小时05分钟	70~80分	120分
合计	9小时40分钟		

注：平均每天花费时间包括学校课堂、上课外补习班以及做作业的时间

从统计表可见，小蒙花在这些中考必考科目上的学习时间，每天累计已经高达9小时40分钟，再加上其他科目，总的学习时长更是高达12个小时以上。

除了吃喝拉撒睡，他几乎所有的时间都花在了学习上，你能说他不努力吗？但遗憾的是，这样的努力，只感动了自己，却没有感动成绩。

小蒙妈妈也觉得孩子当下的学习肯定有问题，但总是抓不到要领，报了补习班，也还是没解决问题。

在咨询中，我以数学为例，向小蒙提问了课本上的几个基础概念知识点，发现他掌握得并不扎实，虽然能把概念句

子背出来，但换到应用题的计算时，就只是一知半解。

同时，我也分析了他的考卷，不出所料，最后面的30分压轴题一题都未做。而前面分值累计达到50~60分的基础题，他也错了一大半，不是基本概念没用对，就是计算出错。

继续深入分析下去后，我发现小蒙的学习目标设定存在着重大的问题。

1.1 目标设得对,努力才不会白费

我在给学生做学习策略辅导时,会根据他们当下的成绩水平,划分出 3 个不同的提分方向:

① 现在成绩拔尖,想知道如何保持领先。
② 现在成绩居中,想知道如何稳中有升。
③ 现在成绩落后,想知道如何有效突破。

很显然,小蒙的数学科目处于第三种情况。

小蒙之所以每天要花费高达两个多小时在数学上,主要原因是被作业中的综合应用题给困住了,导致学习时间被迫拉长。我告诉他:"那些压轴题,大多数是等你的成绩达到中上或拔尖的阶段时,才需要去考虑的问题,你现在要注意的,是如何把 70 分左右的基础题都拿下。"

这就好比我们不能用世界 500 强的管理机制,去要求小区水果摊请的雇员。如果每天都给水果摊的员工讲 KPI、讲坪效,他听不懂,很可能转头就走人了。

我告诉小蒙,老师布置作业是以全班同学的基准去考虑的,确实很难照顾到具体个人的实际情况。这就需要学生自己根据情况,对作业进行取舍。

作业中的大题、难题,要敢于策略性地放弃。作业要上交的部分,则可以采取"抄"的战术,借鉴参考答案或与同

学合作完成。省下的时间,专攻基础题,同时把课本上的知识点,整理成知识地图。

小蒙听话照做,不到1个月,他的数学成绩就涨到了70分以上,比原来提升了30多分。

这就是根据学生自身的现状,制定正确目标后所带来的成效。但在实践中,并不是每个学生都清楚,制定一个行之有效的学习目标,需要注意哪些关键点。

1.2　90%的孩子都有想法，但没有目标

没有目标的学习，就好比夜晚在高速公路上开车却不开车灯，看不清前方的路，而且开得越快，人和车也报废得越快。所以，目标很重要。

什么样的目标才是有效的目标？

我们先来看一段对话：

> 问：你中考准备考什么样的成绩？
> 答：尽量好一点吧！
> 问：到底是多好？
> 答：总分至少拿到A等。
> 问：那你中考准备考取哪所高中？
> 答：示范性高中。
> 问：示范性高中也不止一所，你打算上哪所呢？
> 答：填志愿的时候再看吧！

从上面的问答中可以看出，这位同学对自己的学习目标，还停留在一个模糊的阶段。没有清晰的目标，就不知道接下来具体要做什么。所以，他在学习方面有的只是"想法"，并未形成明确的"目标"。

比如：你想去旅游，起码得先定下旅游的目的地，是去北京，还是去北海。虽然两者都包含一个"北"字，但方向相反，距离也相差很远，且需要准备的盘缠和物品也是不一样的。

我遇到过的学生当中，90%的人并没有系统学习过如何正确设定目标，他们简单地认为，自己的理想或者想法就是目标。结果，他们一次又一次地提目标、下保证，但却一次又一次地失望。他们确实很努力地设过目标，设的却是一些无法执行的"假目标"。

那么，如何才能引导学生制定出一个"好目标"呢？

1.3 判断"好目标"的 5 个指标

假如学生设定的是"我想考好""我保证认真学习""我要提高分数",这些都是无法执行的目标,因为不具体,无法配套相应的措施和行动。考多少分才算好?做多少练习题才算认真?提高多少分才算过关?

一个行之有效的学习目标,通常包含 5 个重要指标:明确性(Specific)、衡量性(Measurable)、实现性(Attainable)、相关性(Relevant)和时限性(Time-bound)。

这 5 个指标相结合,就是著名的"SMART 原则"(如图 1-1 所示)。SMART 在英语里,有聪明、智慧的意思。

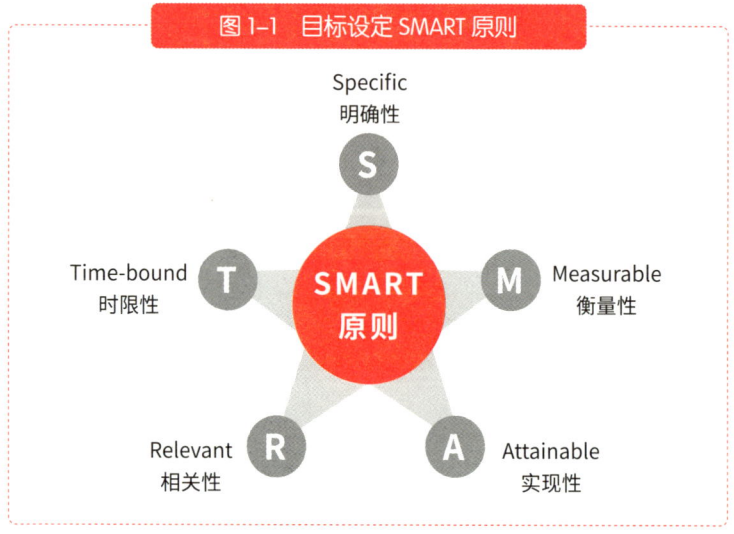

图 1-1 目标设定 SMART 原则

SMART原则，常常被运用于企业经营管理。事实上，把它运用在个人生活目标管理和学习目标管理上，作用也是巨大的。

我们来看一个辅导案例：

我辅导过的一位学生，最初给自己定了一个目标：我要进入年级前30名（如图1-2所示）。

图1-2 学生的初始学习目标

我要进入年级前30名

你来评判一下，这个目标是否符合SMART原则，为什么？

先暂停，自己思考1分钟，思考完后再接着往下看。

这位同学要进入年级前30名，这里面有数字：前30名。但还不够明确，要说清楚是哪一门科目进入年级前30名？或者是总成绩进入年级前30名？

另外，目标的时限性也没有说清楚，是这学期的期中考试，还是期末考试进入年级前30名？或者是在年底前进入年级前30名？这些都要说清楚。

还有，在相关性方面，该目标也没有表明具体要采取哪些行动，才能帮助他进入年级前30名。

经过指导优化后，这位学生的目标修订为：我在本学期的期末考试中，语文成绩要突破90分，所以我在这个月内，每天做1份语文单元练习。

首先，他写的是具体的"语文成绩"，而不是笼统的"提高成绩"。这是符合"明确性"的原则的。

其次，他要突破90分，说明这个目标是可以衡量的，因为有具体的数字。

另外，这位同学上学期考了84分，这学期想突破90分，那他达成的可能性还比较高。

如果上学期才考了34分，这学期就要达到90分，目标实现的概率就比较小了。并不是说完全不可能，而是说这么定目标的话，你就没有站在概率这一边。

再次，光有成绩的预期还不够，还需配套行动计划。所以，为了期末考试语文成绩能突破90分，他决定每天抽出固定时间做1份语文单元练习，这就具备了"相关性"。

如果他的实际行动是每天先去做数学练习册，这就跟突破语文成绩90分的目标没有什么关系了。

最后，他有明确的时限性，即"本学期期末考试"以及"这个月内每天"。

最后的时限性尤其重要。大多数学生制定学习目标时，通常都会遗漏时限性。大脑因为体会不到时间的紧迫感，人就容易变拖拉。

综合起来判断，这是一个符合所有5项SMART原则的目标计划，比原来的目标更清晰，也才更容易执行，最终达成的概率也非常高。如图1-3所示：

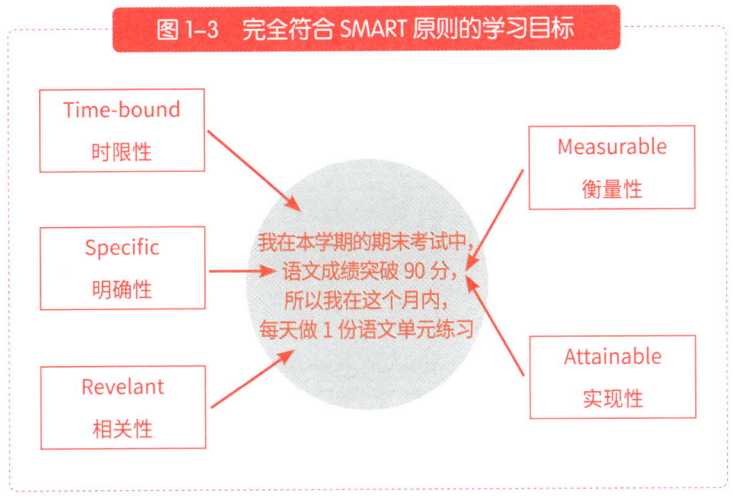

所有的成功，归结起来就是一种概率。任何目标的达成，都不可能有100%的保证。我们所说的提高目标的可执行性，指的就是尽可能提高它达成的概率。

小练习：请结合您孩子或学生的实际情况，引导其制定一个符合 SMART 原则的学习目标：

我在_____年_____月_____日前要达成的学习目标

1. _____
2. _____
3. _____

第二章

3个步骤打造一个高分学习目标

很多父母期望自己孩子考高分，也引导孩子制定了明确的目标，比如：期末考试数学要拿95分以上。但家长往往发现，孩子的积极性维持不了3天，就又失去学习动力了。

另一方面，父母在帮助孩子制定目标的时候，可能忽略了孩子的想法。孩子的内心也会想：父母爱的其实是分数，并不是他本人。

但还是有一些家庭，父母与孩子的观念达成了一致，成功让孩子爱上了学习，孩子也顺理成章地拿到了理想的好成绩。他们到底做了什么，让事情得以向成功的方向前进呢？

经过长年的观察和实践,我总结出了 3 个打造高分学习目标的核心步骤,如图 2-1 所示:

2.1 造一个令人振奋的梦想

我常常与家长分享这样的理念:真正叫醒孩子的,不是闹钟,而是梦想。梦想的力量到底有多大呢?我们先来看一个故事:

有一位穷苦的牧羊人,以替别人放羊为生。

有一天,牧羊人带着两个幼小的儿子,赶羊来到一个山坡上。小儿子突然指着天空中飞过的一群大雁,向父亲问道:"大雁要飞到哪里去?"

牧羊人答道:"飞到一个温暖的地方,它们在那儿度过寒冷的冬天。"

大儿子看着天空,也说道:"要是我也能飞起来就好了。"小儿子也附和道:"我要是一只会飞的大雁该多好啊!"

牧羊人笑眯眯地对两个儿子说:"只要你们想,你们也能飞起来。"两个儿子用怀疑的眼神看着父亲,牧羊人说:"让我飞给你们看。"于是他张开双臂,却没能飞起来。

牧羊人坚定地说:"我是因为年纪大了,才飞不起来,你们还小,只要不断努力,将来就一定能飞起来,飞到你们想去的地方。"

两个儿子牢牢记住了父亲的话,并一直努力着。等他们长大后,在哥哥36岁、弟弟32岁时,他们果然飞起来了,因为他们发明了飞机。这两个人就是美国的莱特兄弟。

梦想的力量是如此伟大，让不会飞的人类，也能翱翔蓝天。

在梦想的指引下，学习将不再是一种负担，而是通往成功彼岸的摆渡船。

所以，家长要想让孩子喜欢上学习，平时也要抽空多跟孩子聊聊梦想，聊聊孩子长大后希望做什么。但聊梦想并不是瞎聊，也是有章可循的。我们来看一个案例：

小邵是我辅导过的一位学员，他自身有学习的意愿，作业基本都能主动完成，无须家长催促。同时，他已养成每天预习的习惯，上课也知道做笔记。即便如此，小邵的学习成绩还是长期处于班里中游水平。父母期待小邵在学习上有更高的提升，但小邵又觉得自信心不足。

经过诊断分析，我发现，这跟父母的要求与孩子的天性存在差异有关。在一次面对面辅导中，我了解到，小邵妈妈更希望孩子在英语科目上多下功夫，而孩子则更喜欢政治和历史科目。

生物的进化本来就存在多样性，所以，父母与孩子之间出现认知的差异也很正常。为了帮助小邵一家更好地为孩子制订学习规划，我引入了哈佛大学终身教授霍华德·加德纳博士的多元智能理论，来说明顺应孩子天性做教育规划的重要性。

"智能"是人类在长期的实践进化过程中，大脑中存储的文化知识的积累。它是一种生理和心理的潜能，这种潜能在个人经验、文化和动机的影响下，会在一定程度上得以实现。

加德纳博士的研究提出，每个人身上至少存在 8 种智能，每种智能独立存在，又互相影响。如图 2-2 所示。

经过分析判断，小邵的优势智能是人际智能和内省智能，这也很好地解释了为什么他喜欢历史和政治科目，并且能跟班里同学相处愉快。

所以，我在跟小邵沟通的时候，就谈到他很擅长沟通，如果将来选择从政的话，有可能会很受下属及群众的喜欢。随着沟通的深入，我能感受到他的双眼仿佛放出一丝光芒，有种跃跃欲试的兴奋感。

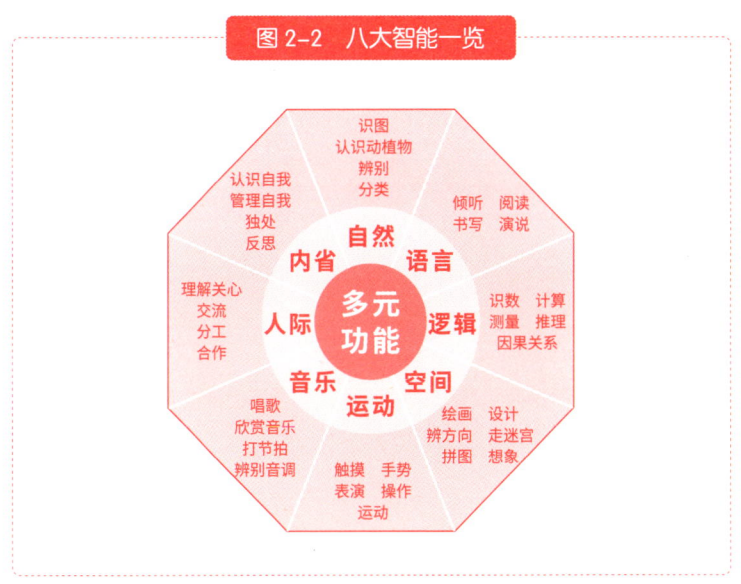

图 2-2 八大智能一览

成功激发出孩子内心的梦想欲望后,再跟小邵谈具体的学习方法技巧,他就非常乐意接受了。

那么,有了梦想,我们还需要找到抵达梦想的路线。

2.2　画一条清晰的成功路线

要想学生在学习的道路上有新的突破,首先要定好目标,找对方向,这样才会事半功倍。

战国后期,魏国的国力渐衰,但魏王想攻打赵国,他的谋臣季梁就劝他说:"我在大路上遇到一个赶着车向北走的人,他告诉我说:'我要去楚国。'我问他:'你要去楚国,为什么要向北呢?'他说:'我的马好。'我说:'您的马虽然好,但这不是去楚国的路啊!'他又说:'我的路费很充足。'我说:'你的路费虽然多,但这不是去楚国的路啊!'他又说:'给我驾车的人本领很高。'他不知道方向错了,赶路的条件越好,离楚国的距离就会越远。"

这就是"南辕北辙"的故事。

由此可见,努力不一定会成功,方向正确的努力才会成功。要想在学习上取得成功,就要有正确的前进路线,也就是要先制定正确的目标。

我曾经辅导过一位六年级的男生,通过制定切实可行的目标,帮助他在当学期的期中考试中,获得了总分第八名的好成绩(原来排名 15 名以后),而且还获得了当年奥数比赛的一等奖。

同期我还辅导过另外一位初一女生,当时离期中考试仅剩一个星期,她希望自己的历史成绩能够突破 90 分(原来只考 80 分左右)。我通过引导帮助她优化了自己的目标,抽取细小的时间来复习历史的知识要点,并对知识进行梳理、补充笔记。一个星期后,她的历史期中考试成绩拿到了 94 分,她十分惊喜。

从这些成功的案例中,可以总结出,一个令人充满动力的学习目标,应该具备 4 项重要因素:正面、主动、清晰、振奋。

① 正面

一个目标是否正面,很大程度上体现在孩子是用积极的语言来表达,还是用消极的语言来表达。

请看下面的对比(如表 2-1 所示):

表 2-1 消极的语言和积极的语言对比

消极的语言	积极的语言
我遇到了一个难题	我正接受一个挑战
我不想做了	我休息一会儿再接着做
我记不住了	我再花点时间就能记住了
我根本不会	我再想想其他办法
为什么老是我	我又得到机会了
我不要那么粗心	我要更加细心
我不想那么心烦	我能保持心平气和

如果孩子能养成多用积极的语言来设计目标的习惯，他的人生也会变得越来越积极，他的收获也会越来越丰富。

② 主动

孩子设定的目标适不适合他当下的需求？是否愿意主动去做，以达成这个目标？

如果孩子或父母定的目标太高，孩子做不到；如果目标定得太低，做起来没劲，那他也不会采取行动，因此他的状况也不会发生什么改变。

③ 清晰

这是指孩子设定的目标是否明确。换句话来说，就是他一看到这个目标，自己就清楚今天马上要做什么，采取什么具体的行动。如果他不清楚要采取什么行动，那这就不叫"目标"，顶多只能叫"想法"。

④ 振奋

振奋是指一旦孩子达成了这个目标，他的生活、学习会发生比较重大的变化，会让他有振奋的感觉。

人的天性是追求美好的，如果他的目标无法让他感到振奋，而是感觉"没劲"，那他就需要更换、调整、制定新的目标，直到能给自己带来足够的振奋感。

在实际操作中,家长或老师可以请孩子画一个四面包围的方框,把目标写在中央的空格处,然后一一对照"正面、主动、清晰、振奋"这4个因素,来检查自己的目标是否合理。如图2-3所示:

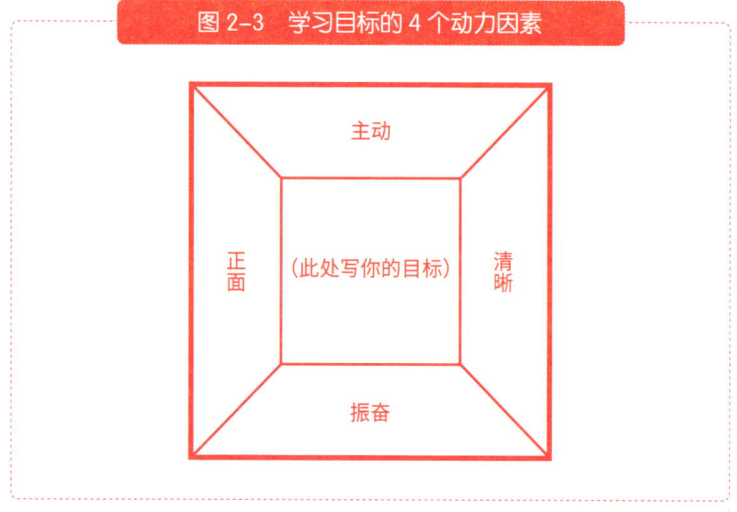

图2-3 学习目标的4个动力因素

当孩子制定出一个理想的"好目标"后,我们再把目标做进一步切分,让他执行起来更容易。

2.3　最小化每一个行动任务

我们先来做个小测试：不借助任何外在的工具，你知道如何让一个5岁的孩子，在一个小时内徒手把手推车上的100块砖头卸下来吗？

答案是：每次搬一块。

对于5岁的孩子来说，100块砖头很重，一次性搬完确实不可能。但把任务细分成"每次搬一块"之后，一个小时搬完100块，平均每半分钟搬一块，就绰绰有余了。

不要认为这不可能，我有一年回太太的老家，亲眼看到村里两个四五岁的孩子在一处宅基地玩耍。他们在一个小时内，把100多块砖头从地上搬到手推车上，然后又搬了下来，玩得不亦乐乎。

我问他们累吗，他们瞥了我一眼后就不理我了，继续玩搬砖头的游戏。我感觉我问了一个愚蠢的问题（哈哈哈哈哈）。

对于学习也一样，家长可以引导孩子把看似非常繁多的功课量进行细分，细分到一个个能轻而易举完成的小任务。我们来看一个成功案例：

根据目前的国家英语课程标准，高考英语必备的基本词汇量是3500个左右。80%的高中生花了3年时间背这些单词，费了很大劲儿，也还是记不完。甚至有些学生越记忘得越快，到了高考时，自己脑中剩下的词汇量，还比不上当年参加中考时的多。

而我辅导过的一位高中生,在高一、高二的两年内,就成功背完了 5000 个新单词,加上初中已经掌握的词汇量,他的总词汇量超过了 6500 个。当时我请该学员在某词汇量测试 App 上,连续进行了 3 次英语词汇量测试,反馈数据均超过了 6500 个,如图 2-4 所示:

结果显示,他当时的词汇量,已经接近高考基本要求的 2 倍,达到了大学英语六级的词汇量要求。这样的知识储备,也给他带来巨大的自信。他的英语成绩,早已从原来的班级中等水平,一跃成为全班第一。

如果我一开始就告诉他,要背完 5000 个单词,必然会给他造成巨大的心理压力。所以,我引导他将"两年突破 5000 个新单词"的大目标,进行最小化任务分解,变成了下面的

复习规划:

① 周一至周五,每天背10个新单词并复习旧单词。
② 周六周日不背新单词,只复习旧单词。
③ 用"间隔式复习"来做学习规划,确保及时复习巩固。

每天只背10个新单词,只需五六分钟,再加上复习旧单词,通常只需10分钟便可完成,学员表示非常轻松。

只有轻松的事情,才容易坚持下去。努力不一定会成功,方法正确的努力才会成功。当学员把背单词变成像吃饭睡觉那么自然的事情后,他很容易就坚持了两年,词汇量也自然而然地增长至远超同班同学的水平。

如果父母发现自家孩子觉得学习太难,可以参照以上方法,引导他进行任务细分,把大任务划分成只需3~5分钟就能完成的一个个小任务。

学习其实并不难,你只要把时间安排好,剩下的就交给时间来证明吧。

第三章

考试是对学习质量的检验

不论是期中考或期末考，还是更重要的中考、高考，对于众多学生来说，每一次考试都如临大敌。不少学生在临考前一周，会比平时晚睡 1~2 个小时。有的学生还会有胃口变差、精神恍惚、脾气变坏等表现，情绪上也会动不动就把家长对学习情况的关注，看作是不信任自己，感觉家长是在吹毛求疵。

事实上，我们没有必要将考试看得那么可怕，它只是对一个学生学习质量的检验。只要平时的学习规划是科学的，执行是到位的，考试成绩自然也会在预期的目标范围内。过程对了，结果通常也会是对的。

而那些特别担心考不好的学生，通常是因为缺乏学习规划,常常到了考前一两个星期才临时抱佛脚,结果发现需要补缺的知识点太多,有的学生甚至连要补哪里也不清楚。当一个学生对考试结果失去了掌控感,成绩就很难达到自己的预期。

这时候,家长通常会告诉孩子"你要更努力些",但学生越努力,成绩就会越好吗?

3.1 成绩最好的学生，通常不是学习最"刻苦"的

小易刚上初二时，他妈妈来找我咨询，说小易的成绩不太好，所以给他报了多个补习班，把周末时间也安排得满满的。小易平时做完学校功课后，又要做《5年中考3年模拟》《黄冈秘卷》等习题集，经常是晚上十一二点还不能睡觉。

小易妈妈有时就很纳闷，自己孩子都这么"努力"了，为什么成绩还是原地踏步呢？

大多数人都听过这句老话：一分耕耘，一分收获。当孩子成绩不好时，家长就会对孩子说："你要更努力才行呀！"在很多家长的眼中，更努力等同于学习更长时间。

而通过延长学习时间，是不是就一定能提高成绩了呢？

显然不是。

在同一个班里，通常会出现4类学生（如图3-1所示）：

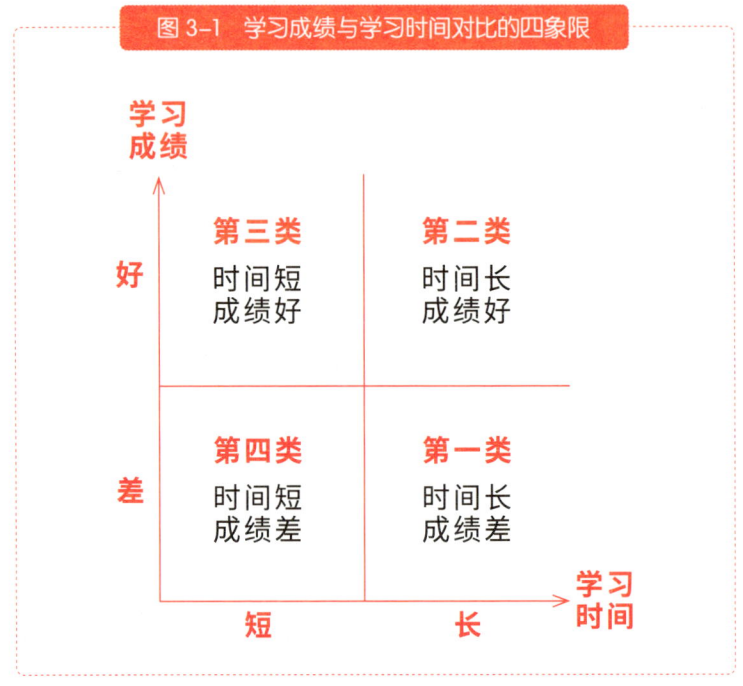

图 3-1 学习成绩与学习时间对比的四象限

① 学习时间长，但成绩比较差

这是最让人心疼的学生。因为他们确实很努力，也一直没有放弃，但无奈学习效率不高，即使付出了大量的时间，也没有得到对应的回报。

② 学习时间长，成绩也比较好

这类学生就是"一分耕耘，一分收获"的典范，他们的成绩很不错，但由于在学校功课上投入的时间很长，成绩通常是以牺牲个人兴趣爱好为代价换来的。你会觉得这类学生很有毅力，但他们的生活并不是那么轻松有趣。

③ 学习时间短，成绩依然不错

这类学生不会把所有时间都放在做学校布置的功课上，虽然他们的学习时间相对比较短，但由于效率高，学习效果也很好。在保持多门科目成绩遥遥领先的同时，还有时间培养自己的兴趣爱好，他们通常能够全面发展。

④ 学习时间短，成绩自然不好

这类学生通常各门科目都学得比较吃力，总体成绩较差，由此常常不受老师重视，家长也常常责备他们。于是他们越来越没有自信，也越来越不愿意在学习上投入时间，有时可能会通过玩游戏来麻醉自己，由此可能进入一种恶性循环。

假如学生成绩的提升，是以大幅度延长学习时间换来的（比如：某个单科的学习时间，从每天 40 分钟，增加到 70 分钟），学生通常会感觉学得比较辛苦，而且他的成绩也不会太稳定。

因为随着孩子升上更高年级，功课量和学习难度肯定是不断增加的，但时间不会无限地延长，每个人每天依然只有 24 小时。

假如孩子在初一的时候，已经每天做作业到晚上 11 点，那到了初三，功课量至少翻了一倍时，他要做到几点钟才能完成呢（如图 3-2 所示）？

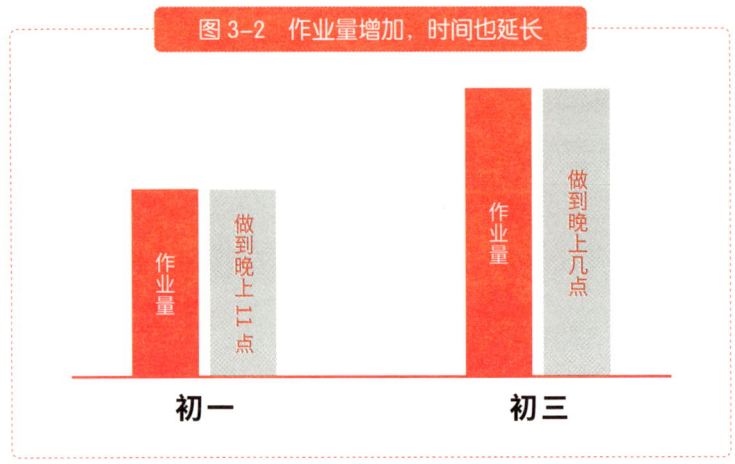

图 3-2 作业量增加,时间也延长

很多学生通常连学校布置的基础作业都做不完,却需要另外抽时间去上校外的补习班。校内校外的学习任务累积,他们已经很难再腾出更多精力来完成如此大量的练习。

2021 年国家有关部门出台了新的教育减负政策,规定校外培训机构不得给学生布置课后作业。但在短期内,这种政策估计也不影响部分家长自己会悄悄给孩子"加料"。

假如一位学生在初一的时候,每天做作业到晚上 9 点,然后通过不断优化学习策略,让学习效率进一步提升,那到了初三的时候,他每天完成作业的时间也还是保持在晚上 9 点左右(如图 3-3 所示),成绩也依然能保持在跟原来差不多的位置,甚至更好。这样的学习效果,恐怕才是大多数学生和家长所期望的。

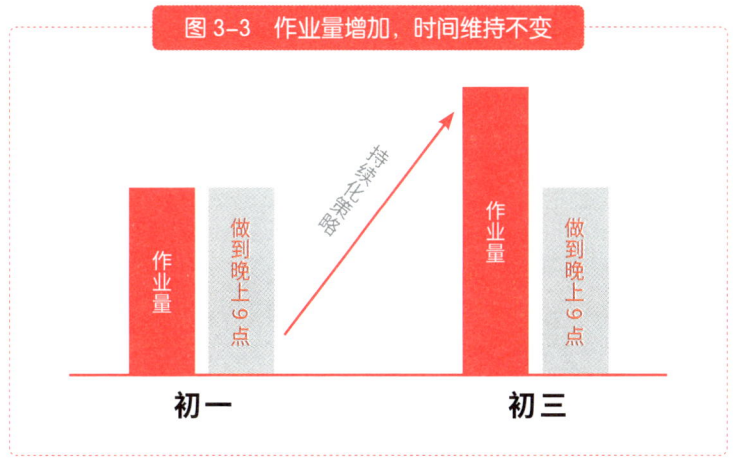

真正的学习高手,并不是通过不断延长学习时间来提高成绩,而是通过不断提高效率来提高成绩的,这样才能够比较轻松地保持下去。

对于第一、第二、第四类的学生来说,要想轻松提分,并且还想长期保持领先位置,就要想办法把自己变成第三类的学生。如图 3-4 所示。

我们来看一个案例:

小威是我辅导过的一位高中生,他在高一刚入学的时候,成绩仅排在班里中等名次。经过一个学期的学习策略优化,他的考试总分成绩就跃居全班第一了,而取得这样的成绩,并不是他用熬夜苦学换来的。

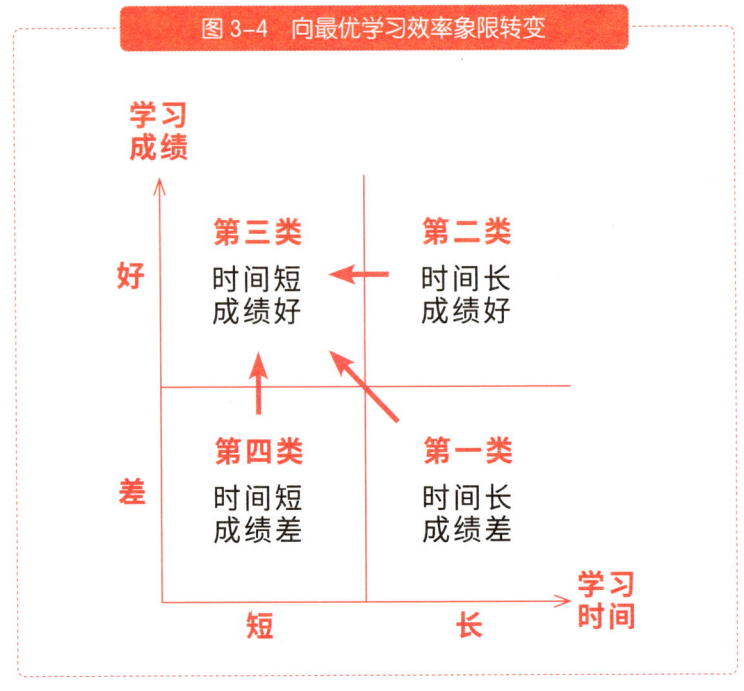

图 3-4 向最优学习效率象限转变

哪怕是后来升上了高三,他每天也是晚上 9 点前就能完成学校的基础作业。而其他排名前 10 名的同学,通常要做到晚上 11 点左右,甚至更晚。

小威告诉我,他把省下的时间,用于增加阅读,或做其他自己感兴趣的事情。因为学习效率的提升让他对学习产生了更多兴趣,小威也变得更加主动学习,家长基本不用催促,非常省心。

3.2 长期主义者和短期主义者的成绩对比

2020年,全球经济受到了重创,主要发达国家的GDP都出现了负增长。而亚马逊公司的创始人杰夫·贝索斯,其财富却在2020年增长了64%,达到了1885亿美元,成为2020年的世界首富。

亚马逊于1997年上市,当初贝索斯就对公司股东说:"亚马逊立志做一家有长远发展的公司。公司所做的一切决策也将立足于长远的发展而非暂时的利益,我们会尽自己最大的努力来创立一家伟大的公司,一家我们的子孙们都能够见证的伟大的公司。"

所以,尽管在经营的过程中,外界的质疑声不断,甚至其中有几年,华尔街的不少分析师都认为亚马逊离倒闭已经不远了,但贝索斯却依然奉行他的宗旨:着眼于长远目标,做一个长期主义的领导者。

所以,我们才能看到2020年亚马逊公司的逆势增长,贝索斯也因此成为世界首富。

贝索斯曾在2011年的年报中表示:"如果你做一件事,把眼光放到未来三年,和你同台竞技的人很多;但如果你的目光能放到未来7年,那么可以和你竞争的人就很少了。因为很少有公司愿意做那么长远的打算。"

由此可见,当你决定要做一个长期主义者之后,焦虑就逐渐离你远去了。这并不意味着一点波折都没有,而是说当困难出现时，你能够不忘初心，镇定地执行既定的方针策略，用行动来回应他人的质疑，用结果来证明自己。

在对待学习时，也应如此。

为什么许多家长会对孩子的成绩感到焦虑？其中一个非常普遍的原因就是"着急"——急着想要达成目标，急着想要马上达到某个分数。

这就好比果农种树，如果他们企图跳过"播种、施肥、浇水、除草"等过程，直接就想要开花结果，这无异于天方夜谭。

越是急着达成目标，目标往往越难实现；越着急就越失望，越失望就越焦虑。

到底多长才算是长期主义？一年、两年还是十年？

这也是相对而言的，只要你写好目标，做好高效率的行动计划，哪怕是一星期，也可以称之为"相对长期"。我们来看一个案例：

小庞是我辅导过的一位学生，当时她正上初一，比较喜欢历史课，她通常会在考试前两天，集中背老师发的试卷或讲义。但即便如此，她的历史成绩还是处于80分左右的水平，从来没有突破过90分。

当她告诉我，想在历史上有新突破的时候，离当时的期中考也只剩一个星期。我告诉她，一星期时间看似比较短，也要用长期主义的思维来管理好。

在我的辅导下，小庞制订了一份备考复习任务清单，每天利用碎片时间来学习，白天背历史的要点，晚上对知识进行梳理，补充笔记。整个过程不急不躁，按部就班地进行。

一个星期过后，小庞向我报喜，她的历史成绩拿到了94分，突破了自己定下的90分的目标。7天的系统学习规划，相对以往的两天临时抱佛脚，已属"相对长期"，这也是长期主义者的胜利。

3.3　考试时为什么会出现记忆堵塞

常常有学生提出这样的问题:"考试的时候,看到有些题目明明学过,但为什么就是想不起来怎么做呢?"

我的答复是:这种情况很正常。

感觉平时学过,考试时却想不起来,学生出现这种类似于记忆堵塞的现象,通常有两个原因:

① 孩子感觉的"学过",其实不是"掌握",只是某种一知半解的状态,其实对相关的知识点并不熟悉。

对于不熟悉的东西,考试时想不起来太正常不过了。这就好比某个人与你只有过一面之缘,1年后你在路边再次遇到这个人,你可能会感觉有点面熟,但就是想不起对方叫什么名字。

② 考试时精神过于紧张,导致大脑神经回路受到抑制,所以想不起学过的内容。

我们看到有一些电视综艺节目,现场比拼进入到白热化阶段的时候,就会有嘉宾在答题环节告诉主持人和现场观众:"哎呀,太紧张了,我现在什么都想不起来了。"

这就是由于大脑神经回路受到抑制,无法从大脑神经中枢提取相关信息的一种表现。学生在考试现场如果太紧张,也会发生类似的"遗忘"现象。

对于第一种情况,学生要加强平时的学习,对于一知半解的知识点,要想办法真正学透,并且做到举一反三。

对于第二种情况,掌握一些应试时的状态调节技巧,可以有效缓解紧张感,让学生多拿 10 分。

考试成绩好不好,是七分靠实力,三分靠状态。两位平时学习能力都差不多的学生,最后考试成绩出来,也有可能会相差 10 分,甚至是二三十分。

以一位平时训练有素的奥运选手为例,状态最好时,他可以拿金牌破世界纪录;而状态不好时,他连预赛都过不了。

对于第二种情况,我向你推荐如下 3 个步骤,这也是我用于训练学生调整考试状态的方法:

第一步:进入考场,等待老师发卷的时候,不要东张西望。把考试用品放到桌面后,就轻轻地闭上眼睛,缓慢地做深呼吸,每做一个深呼吸就数 8 拍。想象吸进身体的氧气化成一股金黄色的暖流,从肺部扩散到全身,身体也跟着放松下来。

第二步:静静地做完 8 个 8 拍的深呼吸后,慢慢睁开眼睛,认真体会一下自己是否有眼前一亮的感觉。这种感觉将有利于调整好视觉输入状态,使自己看卷子更清晰,减少错看漏看的情况发生。

第三步:转动一下手腕,活动一下手部肌肉,这将有利于考试时写字更放松,提高书写的工整度。

在进入考场、拿到试卷之前，做好这些身体状态的调节动作，并不能让学生把原来根本没掌握的题型奇迹般地做出来。但可以让学生尽可能做到正常发挥，不丢或少丢冤枉分，拿到自己能力范围内该拿的分数。

很多学生曾向我表示，最令自己遗憾的，其实不是有多少题不会做，而是考试时感觉好像会做，但临场状态差，头脑发晕，就没能做出来。出了考场，心情放松下来后，解题思路像开闸放水一般浮现出来，这才猛拍大腿："哎呀，刚才那道题我明明以前做过的。"

所以，调节好考试临场状态，少丢10分冤枉分，就相当于比别人多拿了10分。

第四章

明明学过,为什么考试时就想不起来

大多数学生在学习的时候，都有一种感觉：某个知识点当时已经很清楚了，概念能理解，例题也会做，老师的提问也能回答得上，课后作业也能做对。但为什么一到考试时，当初那种懂了的感觉就消失了呢？

我曾对一个班的学生做过一个调查：

你是否有过这样的经历：考试时发现有些题目似曾相识，但就是想不起解题思路或需要使用哪个公式了。

全班 30 位同学，有 28 人承认有过这样的经历，占比超过 90%。剩余 2 人，一个是学霸，每次考试都是 100 分，另一位是学困生，拿多少分都无所谓。

由此可见，遗忘是几乎所有人都无法避免的事实，学会科学面对它、用好它，才有可能实现学习和考试上的突破。

4.1 学过就忘：这才是大脑记忆的真相

我小时候看《哆啦A梦》漫画书（当初翻译为《机器猫》），了解到一款神奇的道具，叫"记忆面包"。只要把课本上、笔记本上的知识内容印到"面包"上，然后吃下去，你就能瞬间记住这些知识了。

在那个年代，相信有很多天真的小朋友跟我一样，也渴望得到"记忆面包"这款学习神器，这样就不需要再为记不住知识而苦恼了。

遗憾的是，"记忆面包"似乎只能解决短期记忆的问题，因为主人公大雄一次性吃了太多"记忆面包"，以致吃坏了肚子。到厕所拉完肚子后，他把刚刚"吃"进去的课本知识也排出来了。

作者似乎是在暗示小朋友们，学习是会遗忘的，考试前临时抱佛脚，通常不靠谱。

我们为什么学完就容易忘？其实这是人类进化的结果。

在原始人时代，人类每天都在与大自然做抗争。那个时候还没有出现封闭式的住宅，也没有结实的防盗门来保护自己，人类还住在开放式的野外或山洞里，随时要警惕野兽的袭击。

每次在酣然入睡的时候遭到野兽的袭击，对原始人来说，既有身体上的伤害，也会造成心灵上的创伤。每经历一次这样的危险，大脑就会永远记住被野兽袭击的那个画面，并且这些画面 24 小时都会出现在脑海中，这样就会让人产生激烈的情绪波动。

如果一个人每天都在想着被野兽袭击的画面，恐怕持续不了几天，这个人就会因为承受不了巨大的压力，而变得精神错乱，就会"疯掉了"。

为了保护自己不受这些重大事件的持续影响，人类的大脑发展出了一种能力：遗忘。只有忘掉这些经历，人才有精力去面对未来更多的事情。换句话说，就是活在当下，而不是活在过去。

由此可见，学过就忘，是人脑百万年来进化的结果。

在过去教育没有普及的年代，上学并不是所有人都能享有的权利。所以，"学了记不住"并没有成为一个普遍问题。而在基础教育日益得到普及的现代，我们需要学习大量的新知识和新技能，而大脑进化出来的"学过就忘"的本能，着实让很多人在学习的过程中苦恼万分。

既然如此，我们在电视上、报纸上看到一些关于"最强大脑"的报道声称有些人可以做到"过目不忘"，这是真的吗？

这类"过目不忘"的宣传真实与否，我们暂且不论，更值得我们思考的问题是："过目不忘"有没有必要？

4.2 普通人有必要做到"过目不忘"吗

由于教育的普及,对于记忆知识的需求也与日俱增。于是,有些先行者通过大量的观察和实践,开发出一套能增强记忆效果的方法,用于帮助学习者高效记住所学的知识内容。

时至今日,一些有商业意识的人把这些方法论整理之后,变成了一套套培训课程,在市场上广为传播。有些培训师还声称,这些方法可以让一个普通人在短期内就拥有"过目不忘"的能力。

但"过目不忘"真的存在吗?或者说,这种能力可以通过后天的训练而获得吗?

事实上,真的有人是天生就"过目不忘"。

20世纪60年代,有一位美国人叫吉尔·普莱斯(Jill Price),她在8岁的时候,发现自己的记忆力莫名其妙地变得越来越好。突然有一天,她发现自己的记忆力好像有点好过了头,能够像摄像机一样,记录下每一天发生的所有事情。

刚开始的时候,因为年龄还比较小,吉尔以为这是正常现象,以为其他人也是这样的。但随着年龄的增长,她慢慢意识到,周围的人并不像她这样拥有超强的记忆能力。

看到这儿,有些读者可能会有点儿羡慕,要是自己也能拥有吉尔这样的记忆力,就再也不用担心任何考试了。而真相却是,吉尔并没有展现出比一般人更强的考试能力,有时甚至表现得更糟糕。因为她脑子里装了太多的东西，每当看到一道题时，就会同时涌现出一大堆不相关的内容。

试想一下，当你在考数学时，脑子里老是想到昨天吃了什么、上周跟谁说了什么话、去年去过哪里旅行了等，你又如何能专注下来思考解题思路呢？

超强记忆力这个让许多人梦寐以求的天赐礼物，带给吉尔更多的是困扰，因为她的大脑常常会不受控制地闪现出过去的回忆。尤其是每当想起那些让自己悲伤的经历时，吉尔就会受到影响，严重时还会失眠多梦，精神萎靡不振。

吉尔成年之后，终于有一天，她无法再忍受这种痛苦的折磨，便给加利福尼亚大学的詹姆斯·麦克高（James McGaugh）教授写了一封邮件，述说了她的症状。

麦克高教授是美国一位研究记忆力的神经科学家，他了解到吉尔的神奇经历后，马上邀请吉尔前往他的实验室进行研究测试。

测试结果表明，无论麦克高教授说出过去的任意哪个时间点，吉尔都能脱口而出当天发生过的事情或是新闻头条，准确率几乎能达到100%。后来，麦克高教授把这种现象命名为"超忆症"。

随着时间的推移，更多有超忆症的人慕名而来，参与到麦克高教授的研究中。但总体而言，那些患上超忆症的人感受到的，更多的不是学习的快乐，而是所有记忆都挥之不去的苦恼。

由此可见,"过目不忘"未必是一项令人十分愉快的能力,对于普通人来说,"有选择性记忆"才更符合正常生活的需要。

那么,既然大脑会遗忘,那我们平时又是如何记住某些东西的呢?

4.3 大脑记住所学知识的生理过程

在人脑中,有数十亿个神经元细胞,它们之间通过神经突触联结,形成极其复杂的网络关系。

当你在学习时,视觉、听觉、触觉等感官通道,输入相关的知识和信息,就会在不同程度上刺激某些神经元突触的生长,让它们与周围的其他神经元突触进行对接。如图4-1所示:

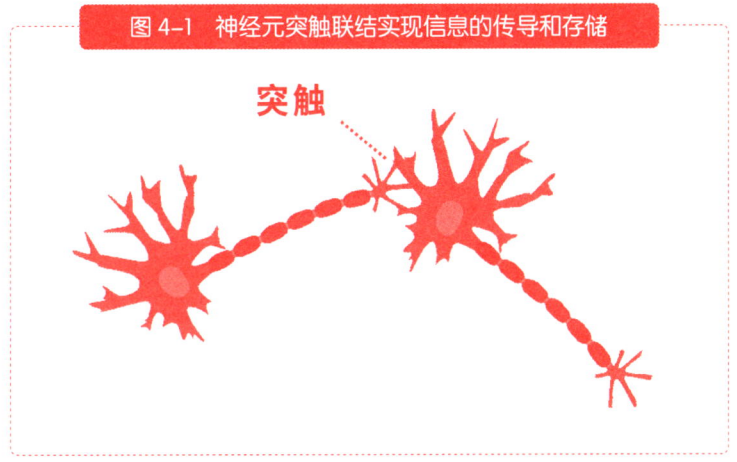

图4-1 神经元突触联结实现信息的传导和存储

神经元突触彼此对接得越多,这个网络的通道就越多,存储记忆和提取记忆的速度就越快。这就好比一座城市,被一条河隔成了两半,在这条河上建的桥越多,能够同时承载的交通流量就越大,这个城市的流动效率就越高,经济也就越活跃。

本系列的第一篇《专心听课篇》的第六章,介绍了一种可以倍增学习记忆效率的技术:多感官输入法。有些领悟能力比较强的孩子,通过运用多感官输入法,将自己的记忆效果提升了2~10倍。

4.4 考试时如何应对"想不起来"的状态

说起记忆，平时的学习更多是"记"，考试时的应用则是"忆"。考试时看到某些题目，感觉平时应该见过，但就是想不起来该怎么解答。解题思路有时就像一个害羞的小孩，躲在门背后，露出了半边脸，但就是不肯站出来。

这种似曾相识但却想不起来的状态，通常是左右脑的联结不够顺畅所致。想象一下，一座城市原本有 10 座桥，东西方向各有 5 座。现在有其中 5 座桥在封闭维修，所有的车辆行人只能走剩下的 5 座桥，巨大的流量必然会造成交通堵塞。

当孩子的左右脑联结不顺畅时，他就是用"单侧脑"在思考，一会儿只用左脑，一会儿只用右脑，无法发挥出全脑联动的功能。

英国曼彻斯特大学的一项研究表明，眼球的水平转动，可以让大脑的左右半球产生联结相互沟通，有助于勾起重要的记忆。

在实验中，一批接受测试者在听完一段朗诵后，眼球左右转动者能记住的朗诵内容，比眼球不转动者要多出 15% 以上。

研究人员还进一步发现，眼球向左转动可以激发右脑，眼球向右转动可以激发左脑，而眼球左右来回转动就可以提高左右脑之间的联动，有效提高记忆提取的准确度。

基于这个研究成果，我在辅导学生相关应试技巧时，就建议他们,一旦考试时发生似曾相识但就是想不起来的情况,不必慌张,可以先跳过难题,把容易的题目先做完,然后回头再看难题。

如果还是感觉想不起来,就先放下笔,身体坐直,双手放在大腿上,通过调节呼吸让自己静下心来。同时,眼球向左右水平转动,心里默默地数 8 拍。如图 4-2 所示:

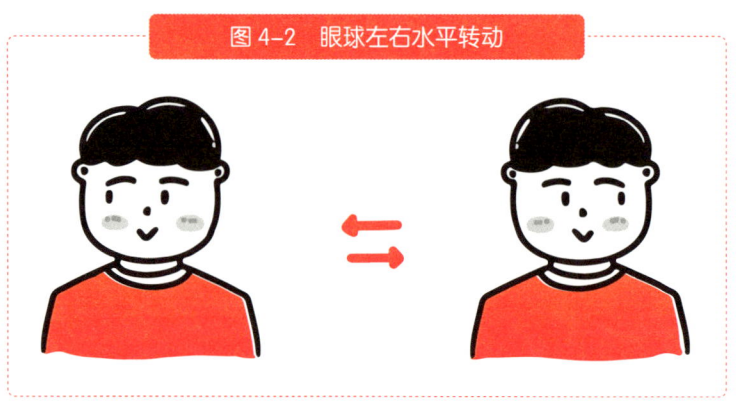

图 4-2 眼球左右水平转动

数 4～6 个 8 拍(总共用时约 30 秒),那些怎么也想不起来的解题思路,就一定程度上会浮现出来,让你有一种"哎呀,我想起来了"的感觉。需要提醒的是,并不是所有的知识内容,都能靠转动眼球就全想出来的。

对那些平时有较高熟悉度,只是考试时状态不好,临时想不起来的知识点,用这个技巧会有一定的效果;对于平时原本就不太熟悉,只是有点模糊概念记忆的知识点,恐怕也不能指望用这个技巧来帮助孩子化腐朽为神奇。

任何一个单项的学习技巧都不是完美的,最终能够呈现出完美效果,一定程度上是一种概率。站在概率的角度来看,如果一个只需花费不到1分钟练习的技巧,就有可能帮助孩子多拿5分,那也是值得去使用的。

以高考为例,学生每多拿1分,通常意味着他的总成绩排名在一个省(市、自治区)内能够前进2000名左右。多拿5分,就前进10000名了。何乐而不为呢?

第五章

"逢考必赢"的临场发挥技巧

如果把学生平时的学习比作足球比赛的中场"盘带",那进入考场后,就相当于要"射门"了。最终能不能得分,要看"临门一脚"发挥得好不好。

有些学生平时的学习表现都不错,上课认真听讲,作业也能按时完成,但为什么一到考试时,就发挥不出平时应有的水平呢?总结起来,主要原因有如下 3 条:

① 进入考场就紧张。
② 考试时答题效率低。
③ 答完不知道如何检查。

在这一章当中,我们就来——剖析它们背后的根源,并采取有效的对策,来解决"临门一脚"的问题。

5.1　如何改善一进考场就紧张的体质

你知道从事什么职业的人，在工作的时候一旦紧张，可能就会要了别人的命？

答案是：外科医生。

外科医生这一职业对心理素质的要求，要远高于其他大部分的职业，因为在给病人动手术的时候，主刀医生如果过于紧张，就会导致动作变形，产生失误。而这样的失误，对病人而言，极可能是"致命"的。

还有些人在考驾照的时候，也因为容易紧张的体质，还没开始踩油门，就出现动作变形，操作不当，当场就被考官宣布"考试结束"了。

那么，对于学生而言，如何判断自己在考试时是否会紧张呢？

人的紧张，是一种心理现象，也是一种生理现象，通常会呈现出以下的反应：

① 心跳加快，有一种胸闷心慌的感觉。

② 胃肠功能下降，肠道蠕动加速，严重的甚至会拉肚子。

③ 呼吸不顺畅，有时会有喘不上气、头脑有点缺氧的感觉。

④ 肌肉血管舒张，有坐立不安的感觉，屁股在凳子上怎么挪动还是感觉不太舒服。

⑤ 口干舌燥，或者唾液分泌增多，老是吞口水。

⑥ 膀胱逼尿肌舒张，也就是俗称的，老有想上厕所"尿尿"的感觉。

⑦ 瞳孔扩大，视线难以聚焦，感觉看东西不够清晰。

⑧ 皮肤立毛肌收缩（汗毛竖起），出汗增多。

这些生理反应，就是人体交感神经过于兴奋的表现，都会对考生的临场发挥造成不良的影响。我在给学生做提分辅导的时候，也会教他们一些能有效缓解紧张的技巧，其中见效比较快的一种叫"抚额静心"。

人脑中有个部位，叫"前庭"，掌管着我们的身体平衡。前庭控制力比较弱的人，容易有一种身体失去控制的感觉，如有些人比较容易晕车晕船。

所以，学生进入考场后，如果觉察到自己比较紧张（可参考以上的 8 种症状反应来判断），就用双手轻轻捂住自己的前额，两手的中指刚好触碰到前额突起的位置（如图 5-1 所示）。

图 5-1 抚额静心

然后保持缓慢的深呼吸,并随着呼吸在心里默数 8 拍。数完 3~4 个 8 拍后,把手轻轻拿开,此时前额会有一股凉凉的感觉,紧张感也就瞬间得到缓解了。

操作"抚额静心"这个动作仅需 1 分钟,但它在缓解考试紧张方面的效果可谓"神速"。

进入考场,处理好紧张状态后,就要进入正式答题的阶段了。此时,采取不同的答题策略,拿分的效率也是不一样的。

5.2 考试时先做哪些题，拿分效率最高

考试有时就像打仗，并非兵强马壮就一定能战胜对手。现实中以少胜多、以弱胜强的例子，比比皆是，成败的关键在于是否采取了高效的战略。

比如，当战斗打响，要求必须夺下敌人占领的 10 个山头。假如你是战场指挥官，在兵力有限的前提下，你会不会要求战士们分散兵力，同时去攻打这 10 个山头？

估计你不会执行这样鲁莽的操作。

更有效的做法是集中优势兵力，先去攻打 2~3 个地形最占优势、战略意义最大的山头，然后再想办法分别拿下其他山头。

80% 的学生在正式开考的铃声响起后，就直接从第一道题开始做，然后第二、第三、第四道题……依此按顺序往下做。

假如做到第七道题时被卡住了，很多学生就会在这道题上花费很长时间，导致后面的题目就没有充足的时间去完成，失去了很多拿分的机会。

因为没有规定考试时不能跳着做题，所以，要想最大限度拿到高分，就要学会先做分值高且难度低的题。

出题老师在设计考卷时，通常也会给难度低的题分配较低的分值；而分值高的题，也意味着它们比较难。但具体到不同考生身上时，情况未必如此。

比如：一道应用题占 5 分，而前面的单项选择题，每题

只占 1 分。按理来说，这道应用题应该更难，需要花更长时间。但刚好某位考生前两天做过类似的应用题练习，对这个题型的印象还比较深刻。所以，这道应用题在这位考生眼中，其实算是比较容易的题。

如果考生做这道 5 分的应用题，比做 5 道 1 分的单项选择题花的时间更少，你觉得他应该做什么选择呢？更何况，在这些低分值的单项选择题里面，也有可能会出现令考生卡壳的难题。

所以，在给学生做考试策略辅导时，我会反复提醒学生，在正式开考前，先快速浏览一下试卷。这样做的目的不是要抢时间想答案，而是看看有哪些题目，是自己一眼扫过去就有把握能做出来的。

然后根据不同的分值和解题难度，用铅笔快速标注出来以下 4 类题目：

① 分值高，难度低。
② 分值低，难度低。
③ 分值高，难度高。
④ 分值低，难度高。

正式开考后，在前 30 分钟，考生就可以先做那些分值高且难度低的题，先锁定能最快拿到的分数。

然后在接下来的 30~90 分钟里，考生再主攻两种题目：

第一种：分值低且难度低的题

这些通常是排在试卷较前面的单项选择题和填空题，考的也大多是一些基础知识。或许每道题只占 0.5 分或 1 分，但每道题花费的时间不长，考生可以秉持"蚂蚁搬家"的心态，拿 1 分算 1 分。

第二种：分值高，但稍有一定难度的题

这种题目往往是后面的阅读理解或综合应用题，考生需要花费较长时间来思考。但如果考生在前面已经锁定了较多容易题的分数，心里有了底，再做这些有点难度的高分题时，心里相对会更放松一些。

主攻完这两种题目后，考生再去思考最后的压轴题。一份试卷中的压轴题，通常也是挑战难度最大的题。考生如果能做得出就做，做不出也不必太勉强，不如省下一点时间去检查前面已经做完的题目，确保不要丢冤枉分，这样反而拿分效率会更高。

需要特别提醒的是，关于应试做题顺序策略的训练，不能等到中高考等重大的考试时，才临时抱佛脚突击一下。而是要在平时的单元测验、月考、期中考、期末考等大小测试中，就有意识地进行训练，并养成一定的习惯。

只有这样，在面临中高考等重大考验时，才会有从容不迫的心态，拿到稳定的成绩，甚至实现超水平发挥。

5.3　答完题如何检查，能尽量避免丢冤枉分

千鸟在林，不如一鸟在手。离考试结束还剩最后 10 分钟的时候，与其还在做一道不确定是否能拿分的压轴题，不如认真检查已经做出来的题，确保能拿到有把握的分数。

在有限的时间内，为了确保最大限度避免丢冤枉分，推荐以下 3 个主要的检查点：

① 快速浏览自己的书写，确保没有错漏字的地方

有时候一个错字，或者小数点点错了地方，就有可能白丢 2 分。有些考生一份卷子上出现好几处这样的低级错误，就白白被扣掉了七八分。

② 对于检查出可能有错的答案，除非确定之前的答案是错的，才去改动

如果考生对于某些题的答案半信半疑，那就不要轻易改动原来的答案，尤其是选择题。事实证明，凭第一感觉思考出来的答案，在多数情况下是对的，要相信自己的直觉。

③ 检查答题卡，确保所有答案都已填涂好

有些同学习惯先在试卷上写答案，结果离交卷时间只剩两分钟时，才发现还没填到答题卡上。匆忙之间，还有可能涂错位置，白丢许多冤枉分，成绩出现断崖式下滑。

对于考试临场发挥，我们提倡的是"抓大放小"，一旦完成了以上这3个检查点，待考试结束铃一响，考生就安安心心地交卷，别再去想它。

既来之，则安之，无论最终的成绩结果如何，当下这门考试既然已经结束，就不要再惦记，把心思放在下一门科目的考试上。

第六章

考完试不是结束,而是新的开始

为人父母，你或你身边的朋友，有没有过这样的经历？为了"哄"孩子继续努力学习，就对孩子说：

小学你努力一点，到了初中你就轻松了。
初中你努力一点，考上好高中你就轻松了。
高中你努力一点，考上好大学你就轻松了。

然而，当孩子每升到高一阶段的学习时，发现自己根本就没有变轻松，反而学习的功课量和难度越来越大了，就会对父母的说法产生怀疑。如果没处理好孩子情绪上的抵触感，孩子的学习成绩通常就会一路下滑。

有智慧的父母，则会在一开始就告诉孩子真正的现实：考完试不是结束，而是新的开始。

6.1　分数条的意义：只有反馈，没有失败

有些父母拿到孩子的成绩分数条，会对孩子发火，是因为他们把孩子当下的表现，过度放大看作是未来的失败。这次考不好，家长就担心以后也考不好。

事实上，过去不等于未来，每一次考试的结果，没有失败，只有反馈。每一次考试只是对孩子过去学习质量的检验。分数条并不能未卜先知，家长也不能直接断定孩子未来的成绩一定会怎样（有可能成绩会更差，自然也有可能会更好）。

既然现在的分数条是对过去的反馈，那理性分析其背后的优势与不足，引导孩子及时调整学习策略，重新回归正轨，也是一次让孩子成长的宝贵机会。对孩子发火，责骂孩子不努力，并不能改变既定的成绩数据。

这就好比一个销售员没有成功卖出产品，却怪顾客不识货，甚至骂顾客，这是没有用的。用心调整自己的销售方法，才是取得下一次销售成功的关键。

就连拿了很多次冠军的郎平教练，也不敢保证每一次比赛都能赢。抓住每一场比赛，甚至每一个回合的反馈，及时调整战术，才是通往胜利的正确做法。

所以，要想引导孩子走向持续稳定提分的道路，家长和老师都要学会从"失败思维"向"反馈思维"转变。

学霸固然厉害，但成绩从来不下滑的学霸，也是不存在的。当成绩出现下滑时，有些孩子将其视为"反馈"，有些孩

子则将其看作是"失败"。两种不同的心态，会引发未来不同的成绩走向。

如果将某次考试的分数，看作是一种"反馈"，那无论成绩是高还是低，孩子都更容易保持一种波澜不惊的心态，继续把精力投入到第二天的正常学习计划中去。

如果将某次考试不理想的分数，看作是一次"失败"，孩子的心态就很容易走向崩溃，觉得自己不行了，第二天学习时也会郁郁寡欢，提不起劲。

6.2　学神的选择：重视学习过程，看淡考试结果

很多人在上学阶段都可能会遇到一位"学神"级的同学。无论别人怎么努力，"学神"的成绩总是在班里遥遥领先。考试前一周，当别人都在努力熬夜刷题到晚上12点，甚至凌晨一两点的时候，"学神"通常在10点左右就上床睡觉了。

如果有同学问"学神"复习好没有，"学神"通常会答复：没有呀，我天天都玩游戏，太累了，10点就睡了。

同学们认为"学神"在骗人，而"学神"内心很清楚，自己说的也是事实。因为"学神"在复习方面下的功夫，已经分配到平时的每一天。"学神"的考前总复习，只做最后的少量查缺补漏，而不会盲目地加大刷题量，把自己搞得太辛苦。

这就好比奥运选手在参加比赛前几天，通常会适当地降低训练量。因为他们知道，身体需要一个恢复调整的过程，盲目地加大训练量，只会透支身体，影响正式比赛的发挥。

"学神"的策略也是如此。考试前减少功课量，重在调节好心情，吃好，睡好，每天保持一个小时的运动量，让身体始终处于一个高能量的状态。到了考试当天，才会有足够好的表现。

考试分数并不是未来职场社会评判一个人能力的指标，对新知识新技能的快速学习并融会贯通，才是展现一个人超强学习能力的标准。

举个例子：假设10年前你刚进银行工作，你刻苦练就了又快又准的手工点钞能力，你将会很受单位重视。你将有机会评上"五星级柜员""手工点钞技术标兵"等荣誉称号。

但随着科学技术的发展，尤其是点钞机和电子支付的普及，手工点钞的本事，已不是彰显银行从业者能力的重点指标了（还有需要，但远不如10年前那么重要了）。银行业已经逐步告别过去那种"数钱数到手抽筋"的模式了。

再举个例子：20年前火得一塌糊涂的寻呼机，如今你还能看到大众在用吗？智能手机，早就革了寻呼机的命。

这就说明，今天很先进的技术和知识，10年后很可能会被淘汰掉。孩子今天在课本上学到的知识，拿到的高分，未来也不一定能派上用场。

如果家长希望孩子未来能够稳步立足于社会，应尽早培养孩子拥有这样的思维习惯：重视学习过程，看淡考试结果。

学习的过程，就是一个试错的过程。所以，学生在平时的作业和考试中，犯错是在所难免的。因此，学生需要一个工具，将犯过的错记录下来，进行分析整理后，并通过反复操练，让自己熟能生巧，将来不再犯同样的错误。这个工具就是我们所熟知的：错题本。

虽然错题本已经在大部分学校得到广泛运用，但能够充分用好错题本，发挥出其重大优势的学生，并不占多数。

6.3　90%的错题本用起来效果差的根本原因

在实践当中，90%的同学哪怕有了错题本，下次考试还是会犯同样的错误。错题本成了名副其实的"错"题本：让自己再次"犯错"的记录本。

要想改变错题本效果差的局面，就要学会科学地改变错题本的使用方法。

① 分学科记录

有些学生喜欢把语文、数学、英语、物理、化学等不同科目的错题，都记录在同一个错题本上，这样看似省事方便，但会对将来的复习造成阻碍。因为所有科目都混杂在一起，不但增加了查询的时间，而且不利于集中复习。

比如：明天要考物理了，但物理的错题分散在第5页、第7页、第12页、第26页等不同的地方，要把这些物理错题完整地找出来，恐怕要多耗费30%的查找时间。

除了分学科做笔记外，为了提高查找的效率，单一学科内还可进行专题划分。以物理为例："机械能"相关的错题集中在一起，"匀加速运动"相关的错题集中在一起，"电流做功"相关的错题集中在一起，等等。

错题本分专题整理的好处是，在进行复习的时候更有针对性，思路更容易聚焦，并提高记忆效果。

② 错题要筛选

有些学生的错题本，是芝麻西瓜一把抓，生怕漏过任何一项东西。只要是做错的题，无论大小，通通都抄到错题本上。这样看似很努力，其实是在浪费时间。

试想一下：错题本的意义是什么？是定期拿出来复习回顾。如果不分层次地把所有错题都抄下来，错题本中的内容势必会变得很多、很杂，每次想复习，都难以抓住重点，既耗时又费劲。

所以，记录错题本时，要筛选有代表性的、价值比较高的错题。比如：能够完整阐述某个重要概念的应用题、设置了陷阱容易把人带偏的理解题等等。

③ 错题分层次

错题记录下来了，并不是每一道题都要花同样的精力去复习。好钢要用在刀刃上，有限的复习时间也要用在最能提分的错题上。分层次整理错题，就是根据对错题的熟悉程度，用不同的符号做好标注（比如：打上"√""○""△"等），便于以后在复习的时候分层次对待。如表 6-1 所示：

图 6-1 用不同符号标注对错题的熟悉程度

打✓：代表已经掌握	打〇：代表一知半解	打△：代表还没搞懂
将来复习时，快速浏览一下就好	这是复习的重点，看到后要快速在脑海中再演练一遍解题思路，感觉能做到很熟悉了，再改标✓号	这是警报，说明你还是一头雾水，赶紧找老师请教，争取尽快搞清楚，感觉能够理解了，再改标注〇号

有了分层次的标注，下次复习时，就能有的放矢，将有限的时间优先花在提分概率更高的错题上。

6.4 从 60 分到 90 分，用"摘苹果理论"打造高效错题本

不少学生因为当下的成绩不好，就萌生了处处不如人的消极心态，对于错题本的整理，也觉得是可有可无，因此也遗憾地错失了一次又一次的改进机会。

事实上，如果能够引导学生秉持循序渐进的心态，用"摘苹果理论"来打造自己的错题，哪怕成绩暂时落后，学生也同样有机会迎头赶上，成为优秀生。我们来看一个案例：

小李是我辅导过的一位学生，当初在刚找到我的时候，也曾为不知道如何整理错题而焦虑。小李因为每天的功课作业都不少，做完学校的基础作业后，还要花很多时间来整理错题，压力很大，所以就不太愿意整理错题。

一到月考时，小李发现有不少试题是平时遇到过的，但当时因为心里厌烦，就没有整理进错题本。结果考试就真的考到了，让人有一种"悔不当初"的感觉。

针对小李的这种情况，我给他打了一个比方：

果园里的苹果，并不是每一个果都在同一个时间点成熟。在收获的季节，果农看到哪个果熟了，就先摘哪个。苹果分批次成熟，果农就分批次逐渐摘完。还没有成熟的苹果，如果硬摘下的话，是卖不出好价格的。

整理错题也是一样，筛选出那些已经理解得比较透彻、加速再做一遍也不会出错的题，这些题就相当于"成熟的苹

果",可以放心地摘抄到错题本上了。

有些学生可能会问:"万一摘抄的错题只包括一部分题型,以后还会考到其他题型怎么办?"

不必担心会遗漏其他的错题,因为学习是长期的,并非一开始就能做到完美,而是在学习的过程中逐步做到完美。重要的知识点,肯定会多次考到的,所以它们也会反复出现。

那些只出现过一次的题型,长时间都没有再现,说明它们的重要性并不高,学生暂且不去记也问题不大。假如类似的题型后面又出现了错题,就有充分理由重新判断它们的重要程度,此时再记录到错题本上也不迟。

针对小李没有头绪、胡乱整理错题本的焦虑,我建议他从每天只整理3道经典错题开始,不要贪多。并且记录好错题后,要再做一遍,直到自己看一眼这些错题,马上就能回忆出解题思路为止。

每天3道错题看似不多,但两个月积累下来,就有180道经典错题了。时间的累积效应是非常显著的。用了这个方法,小李的数学成绩,在短短两个月之间,就从原来只能考60分左右,逐渐提高到90分左右了。

第七章

养成好习惯的前提，是先提高学习效率

有些家长，想尽办法让自己孩子进重点班，这个希望当然是好的。不过，家长也要先搞清楚一件事：在重点班里，也有成绩排名倒数的学生，他们可能几乎听不懂课，难以跟上正常的教学进度。

"重点班"里的"弱势群体"，如果长期找不到突破的方法，成绩也很难提升，思维和反应能力甚至比不上普通班里的"重点"学生。

这时，与其强迫孩子进入一个不适合自己的环境，不如让他在能发挥自己强项的地方发光发热。待孩子突破了学习效率的上限后，再鼓励他接受更高的挑战。

试想一下：作为普通人的你和我，就算让我们先跑 5 千米，就能跑赢马拉松冠军选手了吗？搞不好跑了还不到 3 千米,我们就自己放弃了。

真正的学霸,会把学习当作马拉松,不会去追求短暂的爆发,而是保持较高的均匀配速(提高学习效率,并变成一种习惯)。这样的学生,他的势能是非常惊人的,一旦成绩拔尖,他常常会长期领先。

我发现有些家长,为了让自己孩子的成绩得到提升,给孩子报了不少补习班。孩子除了完成学校的基本功课以外,家长还布置了更多的课外练习题和测试试卷。于是,这些孩子几乎每天都要刷题做功课到很晚,因为家长认为:吃得苦中苦,方为人上人。

但真的是吃苦就能拿到好成绩了吗?

7.1 每天刷题到半夜 12 点是不是好习惯

小徐是我之前接触过的一位学生,他每天做作业差不多都要到半夜 12 点,更晚的时候会到凌晨一两点。我问他:"你每天做功课到那么晚,觉得辛苦吗?"

小徐说:"哎呀,都习惯了。"

小徐刷题到半夜 12 点都已经养成习惯了,这么努力刻苦的孩子,家长应该会很放心了吧?

我曾把小徐的努力程度分享给身边的几位家长朋友,让他们猜一猜,小徐的成绩排在班里什么位置。大胆的会猜"起码也是前 5 名吧",保守一点的会猜"至少也是前 10 名吧"。遗憾的是,在找到我做辅导之前,小徐的成绩长期徘徊在班里 30 名左右(全班 50 人)。

孩子付出了那么多的努力,花了那么长的时间来学习,成绩为什么还只是班里中下游水平?难道不应该是"一分耕耘,一分收获"吗?

问题就在于,小徐是通过"延长时间"的方式来学习,而不是通过"提高效率"的方式来学习。虽然他每天做作业到半夜 12 点,但他吸收知识的效率是不高的。

而且因为长期晚睡导致他疲惫的大脑得不到有效休息,第二天上课的时候,他很容易犯困,头脑也感觉晕乎乎的。听课效率不高,到了晚上做作业的时候,因为对白天老师所讲的基础知识掌握得不好,做作业的时间也拖得更长。久而久之，就陷入了一种恶性循环（如图7-1所示）。

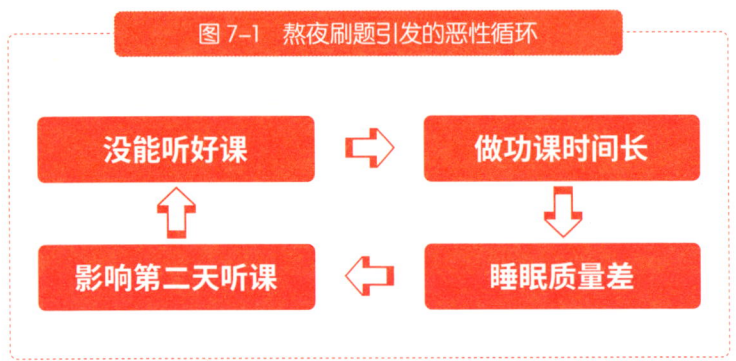

为了帮助小徐走出这个死循环，我建议他先把一部分学校要求以外的练习题和试卷"砍"掉，先保证把学校的基本功课高质量地完成，而且要养成早睡早起的习惯。

只有提高了睡眠质量，使白天的精神保持良好的状态，上课才能更专心，回家做作业的效率也才会高。

与其盲目地逼自己完成所有作业，质量还不高，不如阶段性、策略性地做做"减法"。根据自己的能力选择适合的部分作业，集中精力做好、做精，做到能举一反三。这样才能把课本上的知识真正变成自己的知识。

所以，家长千万不要以为孩子每天刻苦做功课到半夜12点，就可以松一口气了。孩子不是以"提高效率"为前提的熬夜苦读，多半最终只能感动自己，却感动不了成绩。

而对于那些很刻苦，但学习并不得法的孩子，我们又该如何引导和帮助他们打破常规，进入提高学习效率的上升通道呢？

7.2 如何摆脱很努力，成绩却还是不见涨的困境

篮球之神迈克尔·乔丹曾说过："你可以做到每天训练投篮 8 小时，但如果你的技能是错误的，那最好的结果也不过是你擅长以一种错误的方式投篮而已。"

有些孩子日复一日地用效率极低的方式学习，他们认为只要有付出就会有回报，于是日复一日地不断延长学习时间。他们完成作业的时间，从晚上 10 点，延迟到 11 点、12 点，再延迟到凌晨 1 点、2 点……周末补课也从原来的只报 1 门，到后面的 2 门、3 门，再到 5 门、6 门……

不以提升效率为前提的努力，总有一天会让孩子崩溃。因为人的精力是有限的，没有效率只靠延迟时间的学习，很快就会到达时间的"天花板"。当孩子再也没有多余的时间可以继续投入时，成绩下滑是必然的结果。

大多数学生每天都在痛苦地刷题，而真正的学霸，每天都在研究如何可以再进一步提高效率。

那么，孩子喜欢某一门科目，就一定能把这门科目学好吗？

不一定！这就好比一个人很喜欢看电影，并不代表他就能演好或拍好一部电影。我调研过许多找我辅导的学生，发现有超过一半的人，他们成绩最好的科目，并不是自己最喜欢的科目，甚至有个别人还不太喜欢这门科目。

如何将孩子的兴趣，也转化成好成绩呢？秘诀是：总结

+提效+移植。

把孩子最感兴趣的（不一定是成绩最好的）科目挑出来，引导他把学好这门科目的成功方法和学习流程总结出来，并想尽办法提高效率。

比如：孩子原来平均每天花60分钟学习这门科目，能够冲到全班前5名。提高效率后，每天只花40分钟学这门科目，也能维持原来的成绩，甚至还有所提升，这时就可以把这套方法和流程，移植到其他科目上，实现更全面的提升。如图7-2所示：

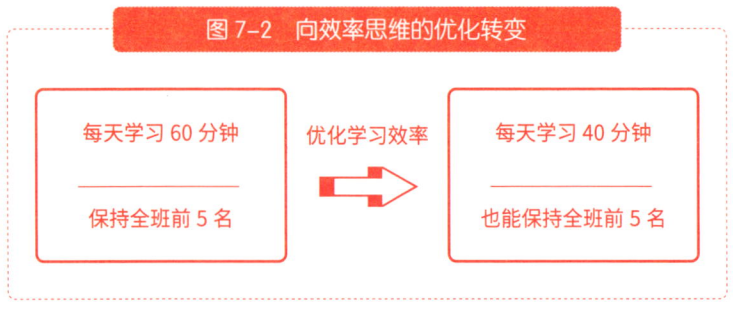

最后能拿到冠军的马拉松选手，通常不会在发令枪刚响时就跑到第一。比赛的过程中，也会出现先后交替领先。孩子的学习也是如此，不必急于透支精力赶在最前面，保持高效的学习节奏，匀速前进，时间长了反而能赢在最后。

所以，我们在引导孩子设定学习目标时，也要分阶段进行如下科学规划：

① 启动期。
② 匀速期。
③ 冲刺期。

在启动期，先专注"单点突破"，让孩子在单项科目上提分，快速建立起自信。而不是盲目地齐头并进，同时给孩子报多个科目的补习班，这样反而会令孩子陷入顾此失彼的困境，总成绩不升反降。

在匀速期，重点是打造一套能提高效率的学习体系，并养成习惯。这个阶段，孩子的成绩不一定提升得很快，但贵在稳定，保持稳中有升很重要。

到了重大考试（如中高考）前3个月的冲刺期，由于前面积累了足够的势能，很多竞争对手由于长期打疲劳战，也被拖得后劲不足了。这时，你的孩子只要稍微再加把力，做好查缺补漏，排名很容易就"噌噌噌"地往上涨了。

曾有位家长向我咨询，说她给孩子同时报了语文、数学、英语、物理的补习班，补了快1年了，成绩还是没有什么进步。

我告诉她：人的精力是有限的，如果你的孩子同时挖4口井，别人专注先挖1口井，谁能更快打上水呢？我建议她，让孩子先"单点突破"，专攻一门科目。完成学校基本作业后，把其他时间都集中用来提高这门科目的学习效率。

这位学员选择了物理。经过2个月的专项学习方法训练，待物理成绩进入稳中有升的通道后,再把学会的方法,移植到第二门科目语文上。等第二门科目也稳中有升了,再移植到第三门、第四门的数学和英语科目上。如图7-3所示:

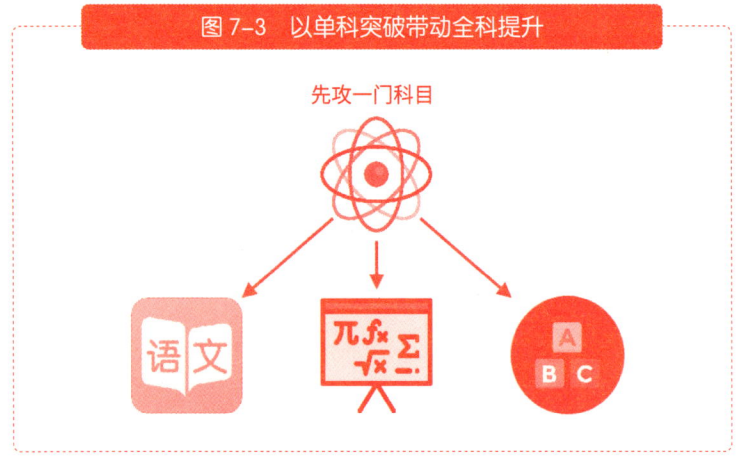

图7-3 以单科突破带动全科提升

经过一个半学期的策略调整,这位学员的总成绩排名,从原来的30多名,首次进入了全班前10名。

学习和备考,就像跑马拉松,最后能否拿到冠军,拼的不是蛮力,而是科学的策略。

7.3 父母不断催促,能缩短习惯养成的周期吗

望子成龙,望女成凤,是很多父母心中念念不忘的期许。很多家长心中理想的教育是:试了10个方法,至少8个都有效。家长只讲一次,孩子至少10天半月都听话。

而现实中的教育是:试了10个方法,有8个无效,剩下两个有点效,还要坚持90~180天,直到把这两个方法培养成长期习惯,才能3~5年不用怎么催促。

成功的教育,其实就是一种"概率"。当父母明白这个核心理念后,对孩子的教育才开始步入正轨。

在前面我们已经谈到,孩子养成一项长期习惯,需要经历4个行为改变周期:

① 试错尝试期:1~7天。
② 对错反复期:7~21天。
③ 稳定发展期:21~90天。
④ 习惯巩固期:90~180天。

80%的家长,在试错尝试期,因为孩子无法立即达到自己的理想要求,就放弃了。还有15%的家长,虽然通过了对错反复期的考验,却误以为已经够21天了,不用继续监督了,结果好不容易积累的效果,很快就在放松要求的过程中消散了。

只有大约5%的家长，成功突破了稳定发展期和习惯巩固期，帮助孩子真正建立起了长期的习惯。这样即使不用催促，孩子也会主动自发地去做，就像孩子已经养成了睡前洗脸刷牙的习惯那样。

人生下来，就充满了好奇心，天生就是积极的、喜欢尝试的。

家长可以回忆一下自己孩子在婴儿时期，他一张开眼睛，是不是就尝试着到处看？当孩子长大一点了，能够控制自己肢体动作时，是不是就开始喜欢到处爬，到处摸？

因为很多体验是人生中的"第一次"，肯定会出错。如果孩子的每一次尝试，大人都大声呵斥"不准……"，或大惊小怪呼喊"危险！不要……"，孩子就会像受到电击一样，产生退缩的行为。久而久之，他对自己要做的事情开始变得不自信，因为他不确定做完之后，大人是不是又会大声说"不"。

有些孩子也许会如家长所愿，变成一个很听话的"乖"孩子，哪儿也不碰，什么也不摸，但他同时也把"自卑"的种子深深地根植于心中。

同样的，当一个学生一次次参加考试，一次次地考不及格，他也会对学习失去信心，甚至产生厌学情绪。于是，上课开始不喜欢听讲，经常走神，有时还会扰乱课堂纪律，课后也不再认真复习功课了。这就是孩子"习得性无助"的开始。

如果每当你催促孩子学习、做功课，孩子就烦你，或者拖拖拉拉应付了事，家长就要留意一下，自己的孩子是否也陷入了"习得性无助"的怪圈。我们来看一个我辅导过的学员案例：

小丁原本是一个挺好学的孩子，小学阶段成绩也还不错，通常都能名列班级前茅。上初中之后，功课量翻倍，小丁的班级排名就只能位列班级中游。小丁的家长对孩子期望值比较高，对小丁的成绩不太满意，所以变得比较焦虑，开始不断地催促孩子要加倍努力。

就算小丁有时某个科目考得不错，家长说得更多的，也是"你不要得意得太早""还有那么多人的总分排在你前面"之类的丧气话。

长久得不到鼓励，小丁也开始变得厌学，成绩也随之下滑了。

经过分析诊断后，我首先给小丁的家长提了一个请求：制订一份"每日美言录"，每天写3句评价孩子闪光点的话，只许说肯定孩子的话，不许说否定的话。

另外，我也给孩子制订了一份学习动力特训的规划，学习各种高效的学习方法，包括如何预习和复习、如何听课、如何做笔记、如何记忆等等。同时，我还教会小丁运用自我暗示，快速驱散潜意识中的负面信念，让自己变得更自信、更阳光。

在孩子的努力和家长的支持下，小丁逐渐找回了久违的自信，成绩也稳步回升，其中语文单元测试还连续多次取得全班第一的成绩，兴奋的小丁在他写的学习心得中也分享了这一喜讯，如图 7-4 所示：

图 7-4 小丁的学习心得

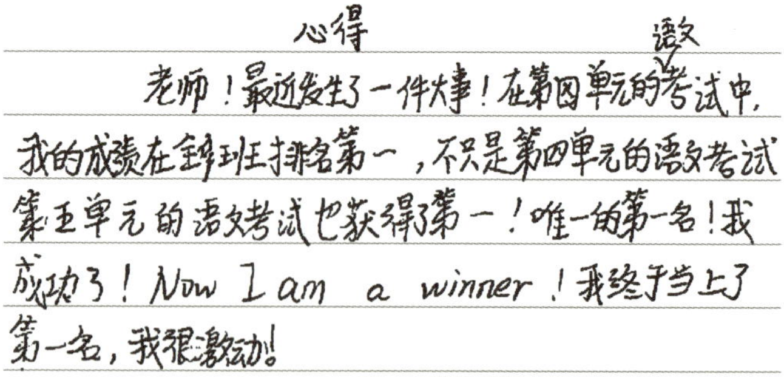

> 心得
>
> 老师！最近发生了一件大事！在第四单元的考试中，我的成绩在铃班排名第一，不只是第四单元的语文考试，第五单元的语文考试也获得第一！唯一的第一名！我成功了！Now I am a winner！我终于当上了第一名，我很激动！

由此可见，既然孩子的"习得性无助"，是来源于一次又一次的否定和打击，那么帮助孩子走出困境的思路也很简单，就是反过来，一次又一次给予他肯定和鼓励。

第八章

几乎不会失败的微习惯养成法

让孩子养成好习惯，到底难不难？

在我接触的家长当中，大多数家长都曾为孩子这样或那样的坏习惯而烦恼。"我孩子其实挺聪明的，就是有点懒。"这句话是不是听起来很耳熟？这说明，要想让孩子行动起来，养成一个好习惯，确实是一件很难的事情。

好习惯，都是反人性的。现代科技的发展，从某种程度上来说，就是为了满足人类"懒"的需求。

洗衣机、扫地机器人，让你坐着不动，就能完成清洁工作；某团外卖，让你足不出户，就能解决吃饭问题，连洗碗都省了；某日头条、某音等信息流App，利用大数据和神经营销学，不断地给你"投喂"喜欢的资讯，逐渐将你的知识层面固化在一个有限的范围内……

而早睡早起、运动锻炼、深度阅读等更有益的行为习惯，在科技和商业提供的便利之下，就被人抛之脑后了。

你打开房门，想看看孩子的功课做到什么程度了，却发现他正在玩手机、看漫画，或者干脆就在发呆，此时如果你还能忍住不发火，就已经算是修养好的了。

为什么培养孩子的好习惯那么难呢？

事实上，培养习惯也是要遵循其固有规律的，但在我们从小到大接受的传统教育中，却没有这样的知识输入。家长和老师只告诉孩子要养成好习惯，或者只是用强制的方式来要求孩子，但很少有人告诉孩子具体怎么做。

那么，到底怎么做，才能高效地帮助孩子长期坚持下去，养成好的学习习惯呢？

8.1 坚持下去的第一要素：我愿意

随着我国高等教育的日益普及，越来越多的家长也意识到，培养孩子的长期学习习惯，要比短期的考试成绩更重要。

于是，有一些家长就行动起来，给孩子制订了学习计划，并且把这些计划也写下来，贴到了孩子的书桌上，或者是书房的墙上，然后每天盯着孩子一定要完成。但并不见效，家长替孩子制订的学习计划，大多坚持不到一个星期，孩子就会出现拖拉的现象。

本来要求是晚上 8 点半前完成的作业，孩子会边玩边做，拖到 9 点半、10 点，这也不一定都能够完成。有些家长工作比较忙，下班后还要辅导孩子，结果到了休息时间却发现孩子还有两项功课没有完成。家长觉得自己累了半天，孩子怎么就那么不省心、不听话呢？

有些家长一时情绪失控，气急之下就大声吼孩子："你到底想不想学？不想学就算了！"结果从吼完孩子的第二天开始，原本给孩子做好的计划，也就不了了之了。

过了两个星期，家长觉得不能继续放任不管，还是要重新把孩子的学习习惯抓一抓。于是又把学习计划像原来一样给孩子做出来，并且每天催促提醒孩子一定要完成。

差不多过了一个星期，孩子又开始变拖拉了，然后家长又开始吼孩子，原来的计划也又不了了之了。

如何摆脱这种恶性循环呢？

我们可以教孩子走路，但是不能代替他走路。习惯养成的第一个要素是：我愿意。

家长可以做一份自己的工作计划模板给孩子做参考，然后让孩子参考这份模板，做一份他自己的学习计划，而不是包办替孩子去做学习计划。

在这个引导的过程中，家长要允许孩子刚开始所做的计划可以达不到家长预期的最理想状态。比如：家长希望孩子晚上8点半前就做完作业，但孩子自己做的计划是在9点半前做完，家长千万不要一看就着急，然后强制孩子把计划改成自己所期望的。

家长要学会先接纳孩子的想法，因为只有当这个想法是源自孩子自己的思考时，他才会愿意主动去执行。

如果孩子感觉："我做的计划是9点半前完成，妈妈也理解我，妈妈真是太好了。"拿着一份自己做出来的学习计划，他就会愿意去执行了。家长对待孩子成长的科学态度就是：先完成，再完美。

等孩子适应了每天9点半前都能完成作业（如两个星期或者一个月之后），家长再跟孩子商量：能不能把效率再提高一些，争取在9点15分前就能完成作业。

因为孩子之前已经有了9点半前完成作业的成功体验，现在让他再稍微提前一点点，争取在9点15分前完成，他内心接受的意愿程度也会比较高。

以此类推，等孩子也适应了在9点15分前完成作业的计划，再跟他商量提前到 9 点前完成，然后再进一步提前到 8 点半前完成。

当家长的引导是建立在孩子"我愿意"的心理感受基础之上时，孩子的习惯培养就成了一个自然而然的过程。如果一开始就强制要求孩子马上达到家长单方面设定的目标，如果孩子心里不乐意，就坚持不了多久，就会因为过于焦虑而变拖拉，习惯培养这件事也很容易就搞砸了。

此外，一个目标计划要想能让孩子顺利坚持下去，也要考虑相关的学习任务是否容易执行。

8.2 坚持下去的第二要素：够简单

曾有一些家长找我咨询孩子的学习问题时问道："我也是跟孩子商量着做学习计划呀，做完之后孩子也说愿意执行，但为什么后面还是不了了之了呢？"

我的答复是："你跟孩子商量所做的学习计划，有没有考虑到孩子是否有能力执行？"

做学习计划也是一种技能，孩子如果没有经过长期实践和思考的磨炼，他也无法正确评估出自己的能力与目标计划之间的差距。

打个比方：你看到运动员举一个 20 千克重的杠铃，那个杠铃看起来并不大，运动员举得也挺轻松。而当你真正去举的时候，你会发现，20 千克的重量，对于一个没有经过系统训练的普通人来说，还真的挺重。你或许能够双手拎起来，但是要想完整地举过头顶，确实很费劲。

孩子做学习计划也是一样，光看计划本身，只有寥寥几行字，大脑会产生一种错觉：这样的任务量还挺简单的。但是当孩子真正执行起来的时候，就会发现任务既费时又费脑。我们来看一个案例：

我曾指导过的一位学生小易，在找到我做辅导之前，也列过这样的学习计划：每天做 20 道数学应用题、每天读 30 页课外书等等。家长表示，这个计划是小易自己做的，大人并没有干涉。

但才执行了5天，家长就发现孩子开始变拖拉了。理由很简单：学校的作业太多，没空做这额外的20道数学应用题和读30页课外书了。

家长觉得这也情有可原，学校老师布置的作业当然要放在第一位。但转念一想，这样不又把养成的习惯丢掉了吗？那跟没做计划有什么区别？

于是我问小易："你每天完成学校的功课之后，还能不能余下10分钟到15分钟？"小易回答说："没问题。"

"那你想一下，在10分钟之内，你可以做几道数学应用题和读几页课外书？"

小易告诉我："10分钟的话，大概可以做2～3道数学应用题，可以读3～5页课外书。"

"好，那你把学习计划改成每天做1道数学应用题和读3页课外书。把这10分钟进行划分，其中的5分钟用来做1道数学应用题，另外5分钟读3页课外书。"

"你觉得这样安排的话，能不能坚持完成？"我再问。孩子一听乐了："那就简单了。"

所以，培养孩子良好的学习习惯，也要重视第二个要素：够简单。

如果一开始要求过高，孩子无法坚持执行，这样的学习计划就是一份无用计划。我们可以先把目标定得低一点，低到不完成都不好意思的程度。等孩子已经慢慢适应了这样的要求之后，再逐步提高要求。

这就好比一位新加入运动队的举重运动员，教练如果让他一开始就直接举 100 千克的杠铃，很可能会让他快速受伤，提早结束运动员的生涯。

更科学的方法是先从 20 千克开始，等他的肌肉和耐力等各方面的身体素质都跟着提高之后，再逐步加大杠铃的重量至 30 千克、50 千克，乃至更重。

培养孩子的学习习惯也是一样，先从最简单的开始，然后再慢慢地加量。而在这个过程中，我们可以借鉴"多感官输入法"的原理，来提高孩子的执行力度。

8.3 进度可视化：让人欲罢不能的习惯"催化剂"

平时在街上，我们经常会收到商家递过来的传单，通常上面都会印着二维码，让顾客扫码关注。但99%的传单设计，并不会让人有扫码的欲望，通常5分钟后，传单就会被扔进垃圾筒。

但有一次，我收到的一张宣传单上印着两行大字和一个二维码，这几个大字是：送你一份8块钱的喜悦，扫码领取。

这成功引发了我的好奇心，我马上就扫码一探究竟，发现这是商家提供的8元优惠券。

大多数的商家，只会在传单上堆满各类产品介绍，写得密密麻麻，但让人看了没有购买欲望，甚至连看都不想多看一眼。而洞悉了人性的高手则清楚地知道，传单最大的目标就是：让顾客采取行动。

回到教育的本质上，如果大人们只是一味地把自己的看法、自己的期望，用说教唠叨的方式传递给孩子，恐怕也是一件吃力不讨好的事情。孩子并不会自动变得听话，反而有可能变得更加拖拉，更加不愿意学习。

我在给学生做提分咨询的时候，也遇到一些没等孩子回答，就急着插话的家长。他们总忍不住把自己认为的"正确"，强加给孩子，要求孩子无条件接受，但结果往往事与愿违。

每当遇到此类家长，我会先请家长停止插话，不要代替孩子回答，而是要允许孩子表达自己的观点，自己拿主意。

然后，我会再通过一系列循序渐进的小学习任务，让孩子现场就行动起来，一步一步体会到"行动了就会有改变"的愉悦感。

80%的孩子在辅导完的当天，都会对自己的学习目标产生比较强烈的欲望，回家后也会行动起来。此时，家长只要能够积极配合，敏锐地捕捉到孩子的每一点正面变化，并且及时鼓励表扬，孩子的行动力就能保持相当长的一段时间。这就是"惯性"的原理。

反之，如果孩子回家后，家长还是用过去那种嘲讽、打击或质疑的态度来对待孩子，孩子好不容易建立起来的那一点小自信，也会很快消失殆尽。

家长关注孩子的学习，应以建立孩子对学习本身的愉悦感为中心，在此基础之上，再考虑采取具体策略来最大化提高分数。

孩子在童年乃至青少年时期建立强烈的学习愉悦感，就相当于盖大楼打地基，地基打得有多扎实，大楼将来就能建得有多高、有多稳固，学习也是如此。

习惯的养成，是相对长期且枯燥的，为了增加孩子的"可预见性愉悦感"，我通常会借鉴"多感官输入法"的原理，使用"微习惯进度塔"，在视觉感官上强化孩子的行动力。

根据"微习惯进度塔"的模板，并依据习惯养成周期，我们把日程进度分为以下4个阶段：

第一阶段：7天。

第二阶段：21天。

第三阶段：60天。

第四阶段：90天。

比如：孩子计划要养成一项每天阅读3页课外书的习惯，就可以在每天阅读完3页书后，用水彩笔把对应的日期空格涂满，就好比自己正在搭建一座宝塔。如图8-1所示。

通过这样的操作方式，就把以前看不到的执行结果，变得可视化。孩子有了期盼感和获得感，也就更愿意去主动执行。

第一个目标是把第一阶段的7层塔涂满，然后再接着"盖"二阶的21层塔。在启动二阶的进程时，先做一个非常有意思的事情，就是把之前已经涂满的一阶进程，先移植到二阶来。为什么要这么做呢？我们先来看一个故事。

图 8-1 "微习惯进度塔" 范例

一阶	二阶	三阶	四阶

(进度塔,阶梯状柱形图,刻度1-90)

一阶(1-13):
1: 9.7
2: 9.8
3: 9.9
4: 9.10
5: 9.11
6: 9.12
7: 9.13

二阶(1-21):
1: 9.7
2: 9.8
3: 9.9
4: 9.10
5: 9.11
6: 9.12
7: 9.13
8: 9.14
9: 9.15
10: 9.16
11: 9.17
12: 9.18
13: 9.19
14: 9.20
15: 9.21
16: 9.22
17: 9.23
18: 9.24
19: 9.25
20: 9.26
21: 9.27

三阶(1-60):
1: 9.7 … 60: 11.5
(9.7, 9.8, 9.9, 9.10, 9.11, 9.12, 9.13, 9.14, 9.15, 9.16, 9.17, 9.18, 9.19, 9.20, 9.21, 9.22, 9.23, 9.24, 9.25, 9.26, 9.27, 9.28, 9.29, 9.30, 10.1, 10.2, 10.3, 10.4, 10.5, 10.6, 10.7, 10.8, 10.9, 10.10, 10.11, 10.12, 10.13, 10.14, 10.15, 10.16, 10.17, 10.18, 10.19, 10.20, 10.21, 10.22, 10.23, 10.24, 10.25, 10.26, 10.27, 10.28, 10.29, 10.30, 10.31, 11.1, 11.2, 11.3, 11.4, 11.5)

四阶(1-90):
1: 9.7 … 90: 12.5
(延续三阶后:11.6, 11.7, 11.8, 11.9, 11.10, 11.11, 11.12, 11.13, 11.14, 11.15, 11.16, 11.17, 11.18, 11.19, 11.20, 11.21, 11.22, 11.23, 11.24, 11.25, 11.26, 11.27, 11.28, 11.29, 11.30, 12.1, 12.2, 12.3, 12.4, 12.5)

有一次，我约了一位朋友到一家新开的咖啡馆谈事情。结账的时候，店老板送给我一张积分会员卡，上面有 20 个空格。每次来消费时，每点一杯咖啡就可以盖一个印章。积满 20 个印章，就能免费兑换两杯咖啡。

出乎我意料的是，老板把会员卡递给我之前，现场就在上面盖了 3 个印章。这下好了，下次我要约朋友喝咖啡谈事情，大概率还是会选择来这家咖啡馆。当然，前提是这家咖啡馆的产品和服务确实都还挺不错的。

这是一种非常有意思的心理导向。因为总任务是要盖满 20 个印章，而当天老板已经帮我完成了 3 个，这就让人有一种"不继续盖满就很可惜"的感觉。如图 8-2 所示：

图 8-2　带有动力导向的咖啡馆会员卡

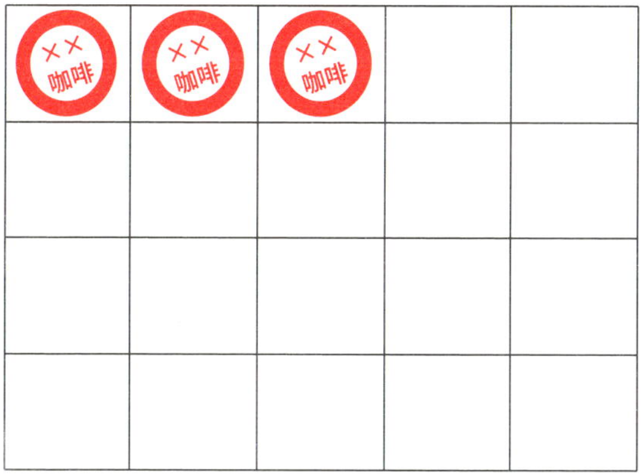

20世纪八九十年代，有些方便面厂家也采用了类似的方法来促销。比如：厂家制作了一套"水浒英雄卡"，在每一袋方便面中放入其中一张。当小朋友收集到越多英雄卡时，就越想收集完一整套，于是就会再去购买这个牌子的方便面。

所以，我引导学生在启动二阶的21天进度时，先把头7天的进度涂满，从心理上营造出一种渴望：已经完成了一部分，就更想完成剩下的部分。

同理，在启动三阶60天的进度时，也先把头21天的进度涂满；启动四阶90天的进度时，先把头60天的进度涂满。

为了加强驱动效果，家长还可以跟孩子商量，在涂满不同阶段的"进度塔"后，就兑换一个小奖励。比如：一阶可以兑换一个创意文具，二阶兑换外出吃一顿大餐，三阶兑换一次郊游，四阶兑换一次省外旅游。

兑换的奖励根据孩子的意愿和家长的承受能力来定，重要的是体现可持续性。如果承诺的奖励过大，后期家长无法兑换，家长因此失信，也会对孩子的努力付出造成心理上的伤害。

那么，孩子坚持到什么程度，家长才可以放心呢？

8.4 判断孩子已经养成习惯的两大指标

孩子养成一项长期的好习惯，通常需要 90 ~ 180 天不间断的训练，这是一个大概率的周期，但每个人实际运用时也是有差异的。有的孩子需要的时间相对短一些，有的孩子则需要更长一些。

如何判断一个人已经养成一项习惯了呢？我们可以参考以下 2 个指标：

① 做着不费劲。
② 不做会难受。

家长引导孩子制定的学习目标，要符合孩子当下的能力，让他感觉做着不费劲，他才会自愿去执行。当有一天你发现，孩子不完成这项学习任务，心里就觉得不踏实，甚至有些难受时，你就大功告成了，往后即便不再反复催促孩子，他也能自觉地去执行了。

回忆一下，孩子小时候不愿意刷牙洗澡，但家长还是一遍又一遍地坚持教。现在孩子长大了，睡觉前没刷牙洗澡，就会睡不踏实，这就是习惯的力量。

以我自己为例，现在养成了阅读的习惯，一天不看点书，就会感觉这天过得不完整。

曾有一位家长使用"微习惯进度塔"来强化孩子养成预

习数学的习惯。执行一个月之后,家长给我报喜讯:她有几次故意逗孩子,让孩子别学了,先出去玩一会儿,结果孩子不干,非要完成学习任务才肯去玩。这说明在强烈的动机指导下,孩子快速进入了"不做会难受"的阶段,成功养成了一个好习惯。

后 记

不要相信我,你要亲自验证

在 20 年的教学辅导生涯中,我无数次听到有家长询问:学了这个方法,保证能提分吗?

这让我联想到早年一次看到朋友正津津有味地吃着榴梿。因为我之前从没吃过榴梿,但却听说榴梿是出了名的"臭",于是就问朋友:"这么臭的东西,真的好吃吗?"朋友回答说:"你吃了不就知道了?"

说得太对了!破解纠结的最好方式,就是亲身实践。实践就是检验真理的唯一标准。

真正高效的学习方法,有时是反人性的,不为大众所熟知,否则理应是大部分学生都能考高分才对。我教授的方法是否能提分,学生要真正用了才知道。

在我以往辅导的案例当中,最快的有当天就见效的。那是因为这些学员渴望提分的欲望非常强烈,并且家长非常信任我,也积极地配合鼓励孩子。

不过我不建议家长以这样的快速案例为标杆。毕竟,每个人的情况不一样,不能单纯以别人的标准来要求自己的孩子,否则一旦达不到高要求,反而会令自己陷入更严重的焦虑当中。

大多数学生通常是在一个月左右,效果才会开始比较凸显。也有部分学生会慢一些,因为学习本来就是因人而异的。

当然,纪录就是用来打破的。我鼓励你的孩子也来挑战一下,看看能在什么时间周期内突破自我,转入学习提分的快车道。但也要切记:重视过程,看淡结果。

事实上,条条道路通罗马,能够提高学习效率和成绩的方法很多,我在书中介绍的方法,也做不到"包治百病",毕竟,每个孩子的学习困惑也有细节上的差异。

如果你在尝试某项策略和技巧时,感觉效果不如预期的那么明显,我建议你向其他拿到结果的同学或老师请教。有些时候,执行过程中对细节的把握程度,也会影响到提分效果。

同时,针对某个同样的学习问题,如果你发现了其他新的方法技巧,运用起来要比本丛书中介绍的方法技巧效果更明显,我鼓励你积极地实践那些新方法,毕竟,适合的才是最好的。

我曾听一位导师这么说过,这世上有三种人:

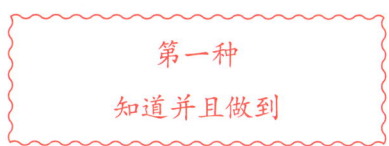

这种人掌握了世界上的绝大部分财富,他们掌握了一般人所不相信的秘诀。他们在运用这些秘诀之后,使自己成为这世上最成功的人。

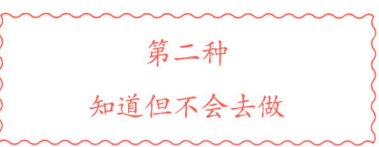

事实上,第二种人也知道第一种人成功的秘密,但不同的是,他们仅停留在"知道"的层面,而不去采取行动。他们生活在"一般"的世界里。

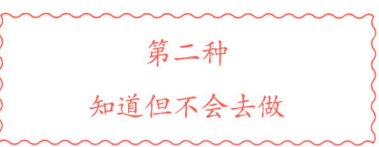

第三种人是对世界最怨恨的一群人。他们不断地抱怨社

会，夸夸其谈却又腹中空空，不学无术却又喜欢指责别人。老天终究是公平的，没有让第三种人取得任何成就。

拿起本系列的书籍，坚持读到这里，已经说明你是一个渴望改变，渴望提高的人。"知识改变命运"的时代已经过去了，"知识＋行动"才会真正改变你的命运。让改变立即发生的秘诀很简单，就是：Do it now!（马上行动！）

如果你在阅读的过程中，有任何的疑惑，欢迎一起探讨交流。扫码加我微信，提交本书购买证明截图，即可免费领取与本书相关的 8 节视频课。